MÍDIA, PODER E CONTRAPODER

Dênis de Moraes
(organizador)
Ignacio Ramonet • Pascual Serrano

MÍDIA, PODER E CONTRAPODER

da concentração monopólica
à democratização da informação

Copyright desta edição © Boitempo Editorial, 2013
Copyright da organização © Dênis de Moraes, 2013

Coordenação editorial
Ivana Jinkings

Editores-adjuntos
Bibiana Leme e João Alexandre Peschanski

Assistência editorial
Alícia Toffani e Livia Campos

Produção editorial
Crayon Editorial

Produção gráfica
Livia Campos

Capa
Studio Del Rey
sobre obra de George Bellows

CIP-BRASIL. CATALOGAÇÃO-NA-FONTE
SINDICATO NACIONAL DOS EDITORES DE LIVROS, RJ

M818v

Moraes, Dênis de, 1954-
   Mídia, poder e contrapoder : da concentração monopólica à democratização da informação / Dênis de Moraes, Ignacio Ramonet, Pascual Serrano ; [tradução Karina Patrício]. - São Paulo : Boitempo ; Rio de Janeiro: FAPERJ, 2013.
   Inclui bibliografia
   ISBN 978-85-7559-318-9

   1. Jornalismo. 2. Comunicação - Aspectos sociais. 3. Liberdade de imprensa. 4. Comunicação de massa - Censura. 5. Comunicações digitais - Aspectos sociais. I. Ramonet, Ignacio, 1953-. II. Serrano, Pascual, 1964. III. Fundação Carlos Chagas de Amparo à Pesquisa do Estado do Rio de Janeiro. IV. Título.

| 13-0897. | CDD: 070 |
| | CDU: 07 |

É vedada a reprodução de qualquer
parte deste livro sem a expressa autorização da editora.

1ª edição: abril de 2013;
1ª reimpressão: setembro de 2016; 2ª reimpressão: agosto de 2019

BOITEMPO
Jinkings Editores Associados Ltda.
Rua Pereira Leite, 373
05442-000 São Paulo SP
Tel.: (11) 3875-7250 / 3872-6869
editor@boitempoeditorial.com.br | www.boitempoeditorial.com.br
www.blogdaboitempo.com.br | www.facebook.com/boitempo
www.twitter.com/editoraboitempo | www.youtube.com/tvboitempo

Este livro é dedicado à memória de um mestre do jornalismo: Ryszard Kapuściński (Pinsk, 1932-Varsóvia, 2007). "E por que o jornalismo?", perguntaram-lhe certa vez. Kapuściński respondeu: "Porque, quando era jovem, fui tomado pela paixão de descobrir nossa pobre existência humana".

SUMÁRIO

Prefácio
Raquel Paiva 9

Apresentação
Dênis de Moraes 13

PARTE 1

Sistema midiático, mercantilização cultural e poder mundial
Dênis de Moraes 19

Meios de comunicação: um poder a serviço de interesses privados?
Ignacio Ramonet 53

Democracia e liberdade de imprensa
Pascual Serrano 71

PARTE 2

A explosão do jornalismo na era digital
Ignacio Ramonet 85

Agências alternativas em rede e democratização
da informação na América Latina
Dênis de Moraes 103

Outro jornalismo possível na internet
Pascual Serrano 145

Sobre os autores 183

PREFÁCIO

As discussões sobre o fazer jornalístico são tão antigas quanto sua prática. Uma das mais inteligentes, datada de meados do século XIX, é suscitada por Honoré de Balzac, notável escritor, igualmente jornalista. Em uma das passagens, ele enfatiza a importância do bom e velho *volantini* [panfleto] com traços marcadamente de oposição. Balzac também critica o jornalismo de sua época por não chegar nem à metade do vigor panfletário de outrora.

Sob o peso das finanças e de seus conglomerados, o jornalismo atual está constelarmente muitíssimo mais distante daquela metade apontada por Balzac, ainda mais pelas exigências implícitas em sua forma crítica: "O panfleto quer a ciência real posta sob uma forma agradável, quer uma pena impecável, porque deve ser sem falhas; sua fraseologia deve ser curta, incisiva, quente e figurada – quatro faculdades que só indicam o gênio". Uma exigência desta ordem está também implícita no livro *Mídia, poder e contrapoder: da concentração monopólica à democratização da informação*, o que, aliás, tem marcado as obras dos seus três autores: Dênis de Moraes, Ignacio Ramonet e Pascual Serrano.

Trata-se de *um livro necessário*! O que significa fazer de um livro uma necessidade? Não apenas falar de jornalismo, certamente. Hoje, um sem-número de livros sobre jornalismo é publicado regularmente. A maioria é interessante, mas poucos necessários, porque, para tanto, é preciso ir além da mera análise acadêmica para exercer plenamente a capacidade crítica e, acima de tudo, inscrever-se como um material capaz de, a partir da hermenêutica traçada, perscrutar com cuidado o que se situa como perspectiva.

Raquel Paiva

Este livro que agora temos às mãos é uma produção artesanal de três intelectuais e jornalistas preocupados com o fazer dos dias atuais, com o fluxo informacional do nosso cotidiano, com a forma social que deriva da estrutura midiática e com os corações e mentes que emergem nesse cenário. Tal preocupação por si já legitima esse grupo de pesquisa. Sim, grupo de pesquisa que se iniciou a partir de um encontro, não ocasional, mas de um momento pontual numa relação reflexiva, ou seja, que já nasceu marcada pela inquietação frente ao mundo em que vivemos.

São muitas passagens a que poderíamos recorrer para demonstrar o grau de necessidade deste livro, mas apenas algumas delas já ajudam a pontuar a argumentação. Inicialmente, é importante frisar que, se por um lado os autores apresentam um desenho da cultura do mundo atual em que o fluxo midiático é responsável por marcar a sociedade com o carimbo do entretenimento e consumo, por outro, os autores não se furtam a apresentar como alvissareiro, por exemplo, o surgimento de agências de notícias virtuais capazes de reverter a consolidação do pensamento único.

Na primeira parte do livro, Dênis de Moraes argumenta: "Devemos considerar que a digitalização favoreceu a multiplicação de bens e serviços de 'infoentretenimento'". E passa a descrever as bases do que constitui o sistema monopólico de comunicação, expondo as suas vísceras e constituições econômica e financeira. A abordagem crítica e ampla de Dênis – que atravessa facetas fulcrais da vida cotidiana, como a produção cultural, o esporte, a arte e também a alimentação, ancorados no fluxo e conglomerados de capitais – é complementada pela arguta inquirição de Ramonet sobre a credibilidade da produção midiática.

Ramonet se dispõe a resolver o enigma que inquieta a todos: "O que é um jornalista? É o analista de uma jornada, de um período". A partir desta premissa, somos levados por esse criativo e engenhoso traçado da produção jornalística do nosso tempo. O regime de propriedade dos grupos responsáveis pela circulação e produção de informação é sua questão chave e define de maneira determinante o espírito do tempo. Ramonet não se furta a discorrer sobre o fazer jornalismo, reconhece a proliferação de produtores de informação que a era digital criou e vaticina com propriedade: "O que está desaparecendo é principalmente o jornalismo de investigação".

A primeira parte do livro é encerrada pela necessária discussão de Pascual sobre liberdade de imprensa, uma temática que nunca se esgota que é apontada por ele dentro do cenário do "coronelismo", dos fluxos financeiros, mas também das possibilidades de produção contra-hegemônicas.

E este é o tom que vai marcar a segunda parte do livro, na qual são analisadas possibilidades de reversão do sistema a partir da digitalização. Os três autores debruçam-se sobre a nova ordem, trazendo exemplos e argumentos vigorosos sobre a inclusão social e as novíssimas ordens informativas.

O livro fala por si. Deixemos então o leitor entregue ao prazer da leitura e das suas próprias conclusões. Necessário mesmo é o diálogo com as ideias trazidas pelos autores. É um chamamento, uma convocação, com algo do vigor daquele alcançado pelos *volantini* descritos por Balzac.

Raquel Paiva
janeiro de 2013

APRESENTAÇÃO

Tive a ideia deste livro, com as imediatas adesões de Ignacio Ramonet e Pascual Serrano, ao comprovar, mais uma vez, convergências e afinidades em nossas linhas de análise sobre o complexo mundo da mídia e do jornalismo. Desta vez, no calor de um debate de três horas do qual participamos juntos no Rio de Janeiro[1]. Antes de o evento iniciar-se, abordamos o cenário internacional, especialmente as transformações socioeconômicas e políticas em países da América Latina cujos governos progressistas qualificam a democratização da comunicação como pressuposto para a diversidade informativa e cultural. As avaliações vieram pontuadas por sentimentos revigorantes a respeito de modelos de desenvolvimento inclusivos e socializantes que se contrapõem à herança maldita do neoliberalismo, com sua índole obsessiva para a competição e o lucro, na exata proporção dos malefícios sociais que gera.

Falamos igualmente de Cuba, ocasião em que ouvi os amigos rememorarem, com as palpitações que só encantamentos genuínos provocam, os contatos com Fidel Castro em La Habana. Ignacio Ramonet relatou que, durante as conversações que resultaram em obra de repercussão mundial[2], conheceu um líder revolucionário de memória prodigiosa e adepto da exatidão, da pontualidade e de "cálculos aritméticos com uma velocidade assombrosa". Pascual Serrano

---

[1] Participamos da mesa "Século XXI: mídia e ebulição no mundo latino, árabe e europeu", no 17º Curso Anual do Núcleo Piratininga de Comunicação, Rio de Janeiro, 16 nov. 2011.

[2] Ignacio Ramonet, *Fidel Castro: biografia a duas vozes* (São Paulo, Boitempo, 2006).

Dênis de Moraes

contou a formidável história do livro que emprestara a Fidel e que recebera de volta, tempos depois, com inúmeros comentários anotados nas margens e na folha de rosto, como se o exemplar fosse dele. Quando nos despedimos à noite, em um dos andares mais altos e panorâmicos do edifício, a Baía de Guanabara já havia submergido no banho de luz lunar e eu tinha desenhado no bloco de notas um asterisco azul como senha para o desenrolar da imaginação: um livro a três.

O ponto de partida de *Mídia, poder e contrapoder* é o compromisso comum de interpelar a contemporaneidade, cada vez mais midiatizada, tecnologizada e mercantilizada. Um momento histórico perturbador, em que o direito ao delírio e ao sonho – ao qual se refere Eduardo Galeano em belo depoimento em vídeo[3] – se vê obrigado a partilhar a caminhada às utopias com as tecnologias do conhecimento, o consumismo programado para a obsolescência e os fascínios compulsivos por objetos digitais que se conectam instantaneamente a "nuvens de computação" capazes de armazenar volume imensurável de informações. Tudo isso no marco de um capitalismo de crises reiteradas e insustentáveis para a cidadania; de acessos, usos e usufrutos tecnológicos profundamente desiguais; dos apelos espetacularizados a prazeres fugazes; e da rarefação dos vínculos de solidariedade.

Em contraposição ao quadro sumarizado acima, as reflexões aqui desenvolvidas incorporam a dimensão da esperança, projetando-a como elemento essencial, o ímã para transformações em permanente estado de expectativa. Faz supor resistências ao peso bruto do mercado e disputas de sentido frente aos enfoques tendenciosos e às mentiras disfarçadas que brotam, com frequência atordoante, das máquinas midiáticas. Isso me faz lembrar do belo editorial redigido por Walter Benjamin em 21 de janeiro de 1922, para o projeto da revista *Angelus Novus*. Ao sublinhar a necessidade de rejeitar as ideias caducas e liberar "os espíritos livres", o grande filósofo alemão dificilmente poderia

---

[3]   O vídeo com Eduardo Galeno, "O direito ao delírio", legendado em português, está disponível em: <http://www.youtube.com/watch?v=m-pgHIB8QdQ>.

Apresentação

imaginar que, na segunda década do século XXI, suas palavras soariam tão proféticas e urgentes:

> É tempo de dar ouvidos não tanto àqueles que acham que encontraram o *arcanum* da época, mas sobretudo àqueles que de forma mais objetiva, mais independente e mais incisiva quiserem dar voz às nossas maiores preocupações[4].

Assim, o livro que se vai ler orienta-se por intenções interligadas. Na primeira parte, examinamos formas e efeitos da colonização do imaginário social pela mídia corporativa, não raro com a divulgação massiva de "verdades" convenientes e rentáveis. Analisamos a configuração atual do sistema midiático, sob forte concentração monopólica em torno de megagrupos e dinastias familiares; as estratégias de comercialização de produtos culturais e manifestações artísticas; a subordinação de informações de interesse coletivo a ambições lucrativas; a retórica quase sempre calculista em favor da "liberdade de expressão", que dissimula artimanhas para fazer prevalecer a liberdade de empresa sobre as aspirações coletivas; a perda de credibilidade da imprensa; e as implicações para a democracia.

A relação de tais problemáticas com as questões focalizadas na segunda parte pode ser percebida nesta magistral síntese de Edward Said:

> Somos bombardeados por representações pré-fabricadas e reificadas do mundo que usurpam a consciência e previnem a crítica democrática, e é à derrubada e ao desmantelamento desses objetos alienantes que, como disse corretamente C. Wright Mills, o trabalho do humanista intelectual deve ser dedicado.[5]

---

4   Walter Benjamin, *O anjo da história* (org. e trad. João Barrento, Belo Horizonte, Autêntica, 2012), p. 44.

5   Edward Said, *Humanismo e crítica democrática* (São Paulo, Companhia das Letras, 2007), p. 95.

Said põe em relevo a exigência de uma intervenção consciente do pensamento crítico na batalha das ideias, questionando os discursos hegemônicos da mídia, dizendo verdades ao poder e discutindo alternativas para modificar consensos e consentimentos sociais nos quais se fundamenta o exercício da hegemonia.

A partir do reconhecimento das mutações comunicacionais na internet, avaliamos premissas e práticas jornalísticas em rede com sentido contra-hegemônico, isto é, de contestação às formas de dominação impostas por classes e instituições hegemônicas, ao mesmo tempo em que se priorizam conteúdos vinculados à justiça social, aos direitos humanos e à diversidade cultural. Portanto, exercitar, através do jornalismo crítico e colaborativo, um contrapoder na produção e na difusão alternativas, baseado no que Alfredo Bosi caracterizou como "o esforço argumentativo para desmascarar o discurso astucioso, conformista ou simplesmente acrítico dos forjadores ou repetidores da ideologia dominante"[6]. Daí o facho de luz que lançamos a projetos promissores como o das agências virtuais de notícias latino-americanas; consolidados como o portal *Rebelión*, de Madri; ou instigantes como o site WikiLeaks.

Por fim, *Mídia, poder e contrapoder* constitui oportunidade singular para os três autores, jornalistas, reafirmarem as convicções em outro jornalismo plenamente possível, ético, plural e irredutível à resignação e à cooptação. Um jornalismo que faça reviver a inquietação, a energia e a imaginação necessárias para, um dia, ultrapassarmos "a ordem social comandada pelo capital", na precisa definição de José Paulo Netto[7]. Pois, afinal, foi essa inquietação que motivou tantos de nós, quando jovens, a escolher o jornalismo não apenas como profissão, mas também como destino histórico para espíritos indomáveis.

Dênis de Moraes
Rio de Janeiro, fevereiro de 2013

---

[6] Alfredo Bosi, *Ideologia e contraideologia* (São Paulo, Companhia das Letras, 2010), p. 394.

[7] José Paulo Netto, *O leitor de Marx* (Rio de Janeiro, Civilização Brasileira, 2012), p. 7.

PARTE I

SISTEMA MIDIÁTICO, MERCANTILIZAÇÃO CULTURAL E PODER MUNDIAL

Dênis de Moraes

Fixo a imagem de uma árvore para situar as linhas predominantes do sistema midiático atual. Em seus galhos, abrigam-se os setores de informação e entretenimento. Cada galho se combina com os outros por intermédio de um fio condutor invisível – as tecnologias avançadas –, que termina por entrelaçar e lubrificar os demais em um circuito comum de elaboração, irradiação e comercialização de conteúdos, produtos e serviços. A árvore pertence a um reduzido número de corporações que se incumbem de fabricar volume convulsivo de dados, sons e imagens, em busca de incessante lucratividade em escala global. Essas corporações se estabelecem graças à potência planetarizada de seus canais, plataformas e suportes de comunicação digitais, que interligam, em tempo real e com velocidade inaudita, povos, sociedades, economias e culturas. A impressão é de que só alcançaremos sintonia com o que acontece a nossa volta se estivermos inseridos no raio de alcance desse sistema audiovisual de amplo espectro. Como se telas, monitores e ambientes virtuais condensassem dentro de si a vida social, as mentalidades, os processos culturais, os circuitos informativos, as cadeias produtivas, as transações financeiras, a arte, as pesquisas científicas, os padrões de sociabilidade, os modismos e as ações sociopolíticas. Trata-se de um poder desmaterializado, penetrante, invasivo, livre de resistências físicas e territoriais, expandindo seus tentáculos para muito além da televisão, do rádio, dos meios impressos e do cinema. Já se infiltrou em celulares, *tablets, smartphones, palmtops* e *notebooks,* telões digitais, *webcams...* Tudo parece depender do que vemos, ouvimos e lemos no irrefreável campo de transmissão midiática – em atualização contínua – para ser socialmente reconhecido, vivenciado, assimilado, recusado ou até mesmo esquecido.

Tentarei resumir as principais características do sistema midiático. Primeiramente, evidencia a capacidade de fixar sentidos e ideologias, interferindo na formação da opinião pública e em linhas predominantes do imaginário social. Em segundo lugar, demonstra desembaraço na apropriação de diferentes léxicos para tentar colocar dentro de si todos os léxicos, a serviço de suas conveniências particulares. Palavras que pertenciam tradicionalmente ao léxico da esquerda foram ressignificadas no auge da hegemonia do neoliberalismo, nos anos 1980 e 1990. Cito, de imediato, duas: reforma e inclusão. Da noite para o dia, passaram a ser incorporadas aos discursos dominantes e às falas massivas e autolegitimadas da mídia – falas que se projetavam, e ainda se projetam, como intérpretes e vigas de sustentação do ideário privatista[1]. Em terceiro lugar, incute e celebra a vida para o mercado, a supremacia dos apelos consumistas, o individualismo e a competição. A glorificação do mercado consiste em apresentá-lo como "único" capaz de traduzir anseios da sociedade, como se só ele pudesse se converter em instância de organização societária.

Esse modelo está associado à lógica concentracionária e expansivamente reprodutiva do mercado e da cultura tecnológica[2], cujos

---

[1] No governo do ex-presidente Fernando Henrique Cardoso, a ideia de "reforma" circulou o tempo inteiro nos meios de comunicação e na retórica do oficialismo. Tratava-se de indiscutível apropriação do léxico progressista, que sempre associou reformas ao imaginário da emancipação social. As "reformas" de FHC diziam respeito a propósitos radicalmente diversos, como privatizações, desestatizações e desregulamentações, em sintonia com interesses dos agentes do capital (bancos, mercado financeiro, corporações).

[2] Entendo por cultura tecnológica um conjunto de comportamentos, hábitos, relações, desempenhos e posições resultantes da utilização de tecnologias de comunicação e informação. Em cada contexto específico, as tecnologias integram técnicas com conhecimentos científicos, valores e formas de organização da sociedade. Diferenciados por injunções econômicas e fatores socioculturais, os usos tecnológicos podem contribuir tanto para modificar atitudes, costumes, práticas e mentalidades de indivíduos, grupos, classes e instituições quanto para acentuar desigualdades e exclusões.

eixos preponderantes são a digitalização, a virtualização, a mercantilização simbólica e a internacionalização de negócios. Os projetos mercadológicos e as ênfases editoriais podem variar, menos num ponto-chave: operam, consensualmente, para reproduzir a ordem do consumo e conservar hegemonias constituídas.

Os megagrupos midiáticos detêm a propriedade dos meios de produção, a infraestrutura tecnológica e as bases logísticas como parte de um sistema que rege habilmente os processos de produção material e imaterial. Segundo Raymond Williams[3], trata-se de "um sistema central, efetivo, dominante e eficaz", apto a definir estratégias de largo alcance, viabilizar ações e transmitir "significados e valores que não são meramente abstratos, mas que são organizados e vividos". Além de planejar e coordenar atividades correlatas, esse sistema exerce interferência crucial na circulação de informações, interpretações e crenças indispensáveis à consolidação de consensos sociais, por mais diversificadas que possam ser as reações e respostas. O grau de influência varia de veículo para veículo, em decorrência de recursos tecnológicos, linguagens, metodologias produtivas, características dos mercados, padrões de interação e perfis de públicos e audiências.

Para compreender a complexidade do sistema midiático, devemos considerar que a digitalização favoreceu a multiplicação de bens e serviços de "infoentretenimento"; atraiu *players* internacionais para operações em todos os continentes; intensificou transmissões e fluxos em tempo real; instituiu outras formas de expressão, conexão, intercâmbio e sociabilidade, sobretudo por meio da internet (comunidades virtuais, redes sociais); e agravou a concentração e a oligopolização de setores complementares (imprensa, rádio, televisão, internet, audiovisual, editorial, fonográfico, telecomunicações, informática, publicidade, marketing, cinema, jogos eletrônicos, celulares, redes sociais etc.). Hoje, executivos de corporações midiáticas aludem a "multiplataformas integradas" para definir a junção de interesses estratégicos em distintos suportes: papel, digital, áudio,

---

[3] Raymond Williams, *Cultura e materialismo* (São Paulo, Editora Unesp, 2011), p. 53.

vídeo e móvel. Tudo isso sob a égide de três vetores: a tecnologia que possibilita as sinergias; o compartilhamento e a distribuição de conteúdos gerados nas mesmas matrizes produtivas; e a racionalidade de gastos, custos e investimentos.

A convergência entre mídia, telecomunicações e informática viabiliza o aproveitamento de um mesmo produto em diferentes plataformas e suportes e distintos meios de transmissão, distribuição, circulação, exibição e consumo, fazendo sobressair a mais-valia na economia digital. Agrupam-se os mais diversos atores econômicos, atraídos pela oportunidade de alavancar seus negócios, aí incluídos fabricantes, anunciantes, patrocinadores, fornecedores, administradores de marcas, gestores corporativos, criadores de campanhas publicitárias, operadores financeiros etc.

Frente a essa configuração, Tim Wu[4] conclui que "não é possível entender as comunicações nem a indústria cultural norte-americanas ou globais sem compreender o conglomerado", que ele reputa como "a forma organizacional dominante nas indústrias da informação do final do século XX e começo do XXI". E explica:

> Tanto nos Estados Unidos quanto no exterior, é inseparável a produção da grande parte das mercadorias culturais. Assim como os estúdios integrados de Hollywood que o precederam, o conglomerado pode ser o pior inimigo ou o melhor amigo da economia cultural. Com uma capitalização robusta, oferece às indústrias de informação estabilidade financeira e um grande potencial de liberdade para explorar projetos de risco. Mas, apesar dessa promessa, o conglomerado pode também ser um feitor sufocante e avarento, obcecado em maximizar o potencial de receita e de fluxo de sua propriedade intelectual. No seu pior aspecto, essa organização pode levar a lógica da produção cultural de massa a qualquer extremo de banalidade, desde que pareça financeiramente viável, remetendo ao que Aldous Huxley previu em

---

[4] Tim Wu, *Impérios da comunicação: do telefone à internet, da AT&T ao Google* (Rio de Janeiro, Zahar, 2012), p. 264.

1927: uma máquina que aplica "todos os recursos da ciência [...] para que a imbecilidade floresça".[5]

Origina-se daí um sistema multimídia com flexibilidade operacional e tecnoprodutiva, que inclui variedade de empreendimentos e serviços de amplitude imensurável, explorando fluxos hipervelozes, espaços de visibilidade e elementos culturais dos mais díspares.

Concentração monopólica: limites e agravantes

Para avaliar o formidável nível de rentabilidade do mercado midiático, penso ser suficiente mencionar o *ranking* divulgado pela *Fortune* em 2012: da receita mundial de US$ 1,6 trilhão com mídia e entretenimento em 2011, apenas sete megagrupos – Disney, News Corporation, Time Warner, CBS, Viacom, CC Media Holdings e Live Nation Enterteinment – acumularam juntos US$ 145 bilhões em 200 países[6]. Contribuíram bastante para esse resultado as desregulamentações neoliberais dos anos 1980 e 1990. Os megagrupos alastraram-se pelos continentes sem se submeter a maiores restrições legais. Mesmo que o desempenho atual seja afetado pela retração das verbas publicitárias e pela desaceleração internacional, consultorias especializadas preveem que os investimentos em comunicação continuarão a crescer a médio e longo prazos. O estudo "Global Entertainment and Media Outlook 2012-2016", divulgado pela PricewaterhouseCoopers em junho de 2012, prevê que o investimento global no setor deve saltar de US$ 1,6 trilhão em 2011 para US$ 2,1 trilhão em 2016, isto é, crescimento de 25%[7].

---

[5] Idem.

[6] "Our annual ranking of America's largest corporations", *Fortune* 500. Disponível em: <http://money.cnn.com/magazines/fortune/fortune500/2012/industries/145/>.

[7] "Gastos com mídia e entretenimento no Brasil chegam a US$ 65 bilhões nos próximos cinco anos", *PricewaterhouseCoopers*. Disponível em: <http://www.pwc.com.br/pt/sala-de-imprensa/assets/press-release/entertainment-media-2012-press-releaase.pdf>.

À luz do figurino da concentração monopólica, não há distinção relevante entre filosofias, estruturas operativas e objetivos. Nada difere os perfis corporativos de Time Warner, News Corporation, Disney, Sony ou Bertelsmann dos de General Motors, McDonald's ou Coca-Cola. As nuanças localizam-se nas áreas de atuação – muito embora essa separação venha se reduzindo em função da convergência multimídia, de alianças, fusões e participações cruzadas. Hoje, megaempresas, fundos de investimentos, magnatas das finanças e do petróleo e bancos como Santander, Bilbao Vizcaya, SCH e Deustche Bank têm participações acionárias e propriedades cruzadas em mídia. Philippe Bouquillion[8] demonstra como financiamentos e inversões de grandes bancos ampliam a influência das engrenagens da "financeirização" no modelo oligopolista das indústrias culturais. Segundo Bouquillion, a liberalização nas décadas de 1980 e 1990 favoreceu a entrada do capital financeiro nos mercados de comunicação de vários países. Bancos e fundos de pensão passaram a investir atraídos pela expectativa de alta rentabilidade com a explosão digital. Isso significou uma interseção cada vez maior entre capital financeiro e capital midiático, cujas principais evidências são: a) garantia de suporte financeiro à aguda internacionalização da indústria de bens simbólicos; b) financiamentos bancários a compras, fusões e infraestrutura tecnológica; c) sociedades e participações cruzadas que asseguram aos bancos cotas acionárias e parcerias em projetos de entretenimento (parques temáticos, superproduções de Hollywood, turnês de astros da música pop); e d) interferência do *trade* financeiro em ações estratégicas dos conglomerados de comunicação. Com a junção de lógicas que deveriam estar apartadas – a da "financeirização" e a da produção simbólica –, eleva-se a dependência de grupos de mídia a entidades de crédito, seja para obter empréstimos ou rolagens de dívidas, seja para se capitalizar com emissão de títulos ou aberturas de capi-

---

[8] Philippe Bouquillion, "La constitution des pôles des industries de la culture et de la communication. Entre 'coups' financiers et intégration de filiares industrielles", em Bernard Miége (org.), *La concentration dans les industries de contenu* (Paris, Réseaux, 2005).

tais em bolsas. E acentua-se a participação de corporações financeiras na estrutura de propriedade, inclusive indicando representantes nos conselhos de administração de empresas de comunicação[9].

Com a expansão de seus negócios e o lastro financeiro assegurado por bancos e fundos de investimentos, conglomerados de mídia se convertem em atores econômicos de primeira linha. Eles acumulam diferenciais inacessíveis a organizações de menor porte: altas tecnologias, *know-how* gerencial, pesquisa e desenvolvimento de produtos de ponta, influência política, capacidade industrial, inovações técnicas, esquemas globais de distribuição e campanhas publicitárias mundializadas. É a interpenetração de aparatos tecnológicos, de modelos de planejamentos e de negócios que introduz circunstâncias e fatores sinergéticos entre os *players*, beneficiando a concentração e a oligopolização.

Ocupam posições de destaque as parcerias, os acordos estratégicos e as *joint ventures* que permitem às empresas atuações conjugadas em partes distintas e complementares dos processos produtivos e logísticos. Ao optarem por estratégias de colaboração e descentralização parcial com divisão de responsabilidades, as corporações visam aumentar seus lucros, seja cortando despesas e repartindo perdas, seja contornando riscos – em especial os decorrentes da instabilidade econômica e do encolhimento da vida útil das mercadorias. Os projetos exigem aportes financeiros e boa logística, a fim de facilitar o escoamento e os ganhos de escala nas praças estrangeiras, levando-se em conta adaptações aos custos e fatores locais de produção, bem como a necessidade imperiosa de equilibrar as relações entre trabalho, distribuição de renda, poder aquisitivo, modelo tecnoprodutivo e sistemáticas de comercialização, de acordo com a estrutura de cada mercado[10].

---

[9] Nuria Almiron, "La convergencia de intereses entre banca y grupos de comunicación: el caso de SCH y PRISA", *Zer – Revista de Estudios de Comunicación*, Bilbao, Universidade do País Basco, n. 22, maio 2007.

[10] Ver a respeito os artigos de Marcos Amatucci, "Estratégia global, inovação local", e de Rodrigo Cintra, "Negócios sem fronteiras", *Revista da ESPM*, São Paulo, v. 19, ano 18, n. 5, set.-out. 2012, p. 70-5 e 83-7, respectivamente.

Em tal moldura, estreita-se a participação de empresas de menor porte nos negócios de ponta. Restam às pequenas e médias firmas nichos mercadológicos ou fornecimento de insumos e serviços especializados, sempre que é mais vantajoso para as grandes companhias terceirizarem a produção ou adquirirem itens cuja fabricação seja dispendiosa. Em ambos os casos, gravitam em torno da economia de escala das corporações e precisam demonstrar produtividade, agilidade e criatividade para sobreviver.

Para preservar o sistema monopólico e suas receitas em permanente expansão, as corporações recorrem a duas manobras principais:

> [...] uma ampla centralização do capital, que busca o domínio por meio de poder financeiro, economias de escala e posição de mercado, e a ávida proteção das vantagens tecnológicas [...] por meio de direitos de patente, leis de licenciamento e direitos de propriedade intelectual.[11]

Significa concentrar nas mesmas mãos todas as etapas e consequências rentáveis dos processos tecnoprodutivos, com vistas a garantir o maior domínio possível sobre a cadeia de fabricação, processamento, comercialização e distribuição dos produtos e serviços.

A contração da concorrência atinge o seu patamar máximo quando os líderes de um mesmo setor optam por fusões para recuperar a rentabilidade perdida em conjunturas de crise econômica. As sinergias empresariais transcendem os setores originários de cada grupo e envolvem conhecimento inovador em tecnologias e técnicas avançadas, planejamento, poderio financeiro e capacidade logística e distributiva. René Armand Dreifuss[12] explica como as corporações se aglutinam para a obtenção de domínios monopólicos e desdobramentos lucrativos:

---

[11] David Harvey, *O novo imperialismo* (São Paulo, Loyola, 2004).

[12] René Dreifuss, *A época das perplexidades: mundialização, globalização e planetarização – novos desafios* (Petrópolis, Vozes, 1996), p. 94-5.

Elas procuram alcançar a magnitude e qualidade dos recursos (humanos, materiais e de infraestrutura social) necessários à pesquisa e para assegurar condições de produção (incluindo o controle de componentes e insumos), já que, a cada nova geração, os custos sobem de forma geométrica, enquanto cresce a complexidade do processo e do produto. São razões, mais do que suficientes, para estabelecer alianças que objetivam reduzir, partilhar e distribuir custos e perdas (e minimizar riscos) na pesquisa científica e na sua "tradução" tecnológica, no desenho de projeto, no desenvolvimento de novos produtos [...] e na produção de produtos de ponta.

Outras evidentes vantagens empresariais: aumenta o poder de negociação comercial com fornecedores, diminui despesas, reparte dívidas e soma ativos. Os lucros são reaplicados em atividades diversas com o objetivo de minar antigas supremacias e, quando possível, instituir novos monopólios.

Tomemos como exemplo a indústria editorial, que segue o mesmo perfil de concentração dos demais ramos do entretenimento. Controlam-na treze megagrupos: Pearson, Reed Elsevier, Thomson Reuters, McGraw-Hill Education, Scholastic, Cengage, Wiley, Wolters Kluwer, Hachette Livre, Grupo Planeta, De Agostini Editore, Random House e Holtzbrinck[13]. Nos Estados Unidos, cinco grandes conglomerados do entretenimento (Time-Warner, Disney, Viacom/CBS, News Corporation e Bertelsmann) estão engolindo a maioria das editoras e já dominam 80% do mercado de livros. O efeito colateral é a subordinação dos mercados regionais e nacionais aos lançamentos e campanhas globais, resultando na crescente desnacionalização do mercado editorial e na irrisória porcentagem de

---

[13] Carlo Carrenho, "Ranking Global traz os 54 maiores grupos editoriais do mundo", *Publishnews*. Disponível em: <http://www.publishnews.com.br/telas/noticias/detalhes.aspx?id=69101>. Acesso em 14 dez. 2012.

obras traduzidas fora do inglês[14]. A mercantilização do ramo editorial inclui leilões semanais por *best-sellers* de autores globais. A guerra por direitos de publicação em distintos países resulta numa multiplicação dos lucros, tanto dos escritores quanto de seus agentes ou das empresas que detenham, por contrato, primazia para negociá-los. A voraz entrada de grupos editoriais estrangeiros no mercado brasileiro – que cresceu 25% de 2004 a 2010 – intensificou a competição pelas traduções ao português de obras de retorno comercial assegurado. *Morte súbita*, romance de J. K. Rowling – a autora da série de sete livros de Harry Potter e com fortuna estimada em R$ 1,8 bilhão[15] –, foi disputado por cinco das principais editoras do Brasil. Depois de ganhar a concorrência com um adiantamento milionário à autora, a Nova Fronteira divulgou que o diferencial de sua proposta foram os planos de lançamento e comercialização, com campanhas de divulgação em canais de TV por assinatura, rádio, jornais, revistas, sites e redes sociais. "Vamos imprimir cinquenta vezes mais do que um lançamento padrão, investir vinte vezes mais em marketing e esperamos vender, com isso, cem vezes mais que o normal"[16]. As megafusões que vêm ocorrendo no setor editorial agravam o perfil de concentração. É o caso da união entre a Random House, pertencente à alemã Bertelsmann, e a Penguin, do britânico Pearson, anunciada em outubro de 2012. A expectativa é de que a associação crie o maior grupo editorial do mundo, com vendas estimadas em

---

[14]   Nos Estados Unidos, do total de títulos publicados anualmente, apenas 2,8% são traduções, enquanto a Grã-Bretanha se limita a editar somente 3% de literatura não inglesa. O reflexo pode ser verificado nas grandes feiras internacionais de livros, como as de Frankfurt e Paris, onde os pavilhões reservados aos países da Ásia, África e América Latina ficam quase desertos e o número de editores de seus países diminui ano a ano, assim como o interesse de compradores de direitos autorais. "Quanto aos editores franceses, espanhóis, italianos, ou alemães, gastam uma boa parte de sua energia para conseguir ganhar a aposta impossível: vender um de seus livros aos Estados Unidos, mesmo que seja por uma quantia simbólica. Ou conseguir convencer um editor inglês, o que é um primeiro passo em direção ao paraíso americano", Pierre Lepape, "La dictature de la 'world literature'", *Le Monde Diplomatique*, nov. 2004.

[15]   *Agência France Press/UOL*, 25 set. 2012.

[16]   Mariane Morisawa, "*Best-sellers* acirram disputa e leilões entre editoras", *Valor Econômico*, n. 724, 5 dez. 2012.

R$ 8 bilhões anuais, incrementando a sua presença em mercados potenciais como a China e a América Latina. A estratégia inclui o aumento das vendas de varejo e pesados investimentos em novos formatos (como o livro digital), para fazer frente a companhias do setor de tecnologias, como a Google, a Amazon e a Apple[17]. Acordos bilionários como esse minimizam as chances de sobrevivência de editoras de pequeno e médio portes, acentuam a invasão de obras estrangeiras em países nos quais não se fala inglês e embutem o risco de redução de diversidade nos catálogos, já que títulos de baixa rentabilidade (como ensaios literários e de ciências humanas e sociais) tendem a ser menosprezados.

O cenário acima descrito aprofunda assimetrias entre os centros hegemônicos (nos quais as megaempresas são expoentes) e as periferias, realçando descompassos típicos do desenvolvimento excludente e desigual do modo de produção capitalista.

Controlar a rentabilidade dispersa

O êxito do sistema corporativo de mídia, em larga medida, vincula-se ao aprimoramento de tecnologias que favoreçam o comando à distância e a velocidade circulatória do capital. A produtividade e a competitividade dependem da capacidade dos agentes econômicos de aplicar, com rapidez inaudita, os dados e conhecimentos obtidos, de forma sincronizada e em amplitude global. A informação estratégica nos circuitos digitais torna-se uma mercadoria como outra qualquer, sujeita à lei da oferta e da procura, ao mesmo tempo convertida em precioso insumo básico para a geração de dividendos competitivos.

Não é difícil entender por que se investe tanto em tecnologias de comunicação e informação: segundo a consultoria Gartner Research, em 2012, foram aplicados globalmente US$ 2,7 trilhões, incluindo

---

[17] Gerrit Wiesmann e Rob Budden, "Penguin e Random anunciam fusão", *Valor Econômico/Financial Times*, 30 nov. 2012.

Dênis de Moraes

projetos públicos e privados[18]. Para se ter uma ideia do que significa este valor, supera os Produtos Internos Brutos do Brasil e da Grã--Bretanha, sexta e sétima maiores economias do mundo em 2011[19].

O volume de informações decisivas para impulsionar a rentabilidade das empresas é de tal ordem que uma companhia de grande porte armazena, em média, 200 terabytes em dados sobre produtos e consumidores. Essa enorme quantidade, chamada de "big data", é obtida através de contagens de *tweets*, análises de vídeos, sequências de cliques, entre outras fontes não estruturadas. Com o uso de ferramentas tecnológicas, as empresas reúnem pesquisas, tabelas, relatórios e históricos de compras que delineiam perfis de clientes, desejos de consumo e, até mesmo, os possíveis riscos de perda de consumidores[20].

Nada tem de casual a lucratividade alcançada por agências de notícias transnacionais ou consultorias especializadas. Elas coletam, selecionam e fornecem, a peso de ouro, uma quantidade ininterrupta de informações que ajudam a instruir as intervenções imediatas de *traders* [comerciantes], corretores e analistas. Quanto mais turbulências na economia globalizada, mais os especialistas recorrem aos terminais de cotações e às análises das agências. A diminuição dos prazos de resposta de investidores e especuladores torna-se regra de sobrevivência frente à volatilidade dos mercados financeiros.

O consultor financeiro Marcelo d'Agosto explica que o desenvolvimento tecnológico facilitou o acompanhamento diário do mercado, já que a divulgação instantânea das cotações favorece uma rápida percepção das tendências. Além disso, os sistemas computadorizados monitoram fluxos financeiros e procuram evitar distorções de preço. De acordo com o consultor, a corrida tecnológica "terminou desen-

---

[18] "Gartner Says EMEA Enterprise IT Spending in Euros Will Decline 1.4 Percent in 2011 and Grow Only 2.3 Percent in 2012" e "Gartner Says Worldwide Enterprise IT Spending to Reach $2.7 Trillion in 2012", *Gartner Research*. Disponível em: <http://www.gartner.com/it/page.jsp?id=1841115> e <http://www.gartner.com/it/page.jsp?id=1824919>, respectivamente. Acesso em 7 nov. 2011.

[19] João Fellet, "Por pouco, Brasil passa Grã-Bretanha e se torna 6ª economia global", *BBC Brasil*, 6 mar. 2012.

[20] "De detalhes a desejos: o poder do *big data*", *Tam nas Nuvens*, nov. 2012, p. 121.

cadeando a automação das negociações, com a necessidade de adotar estratégias de execução dos negócios cada vez mais complexas". O objetivo, diz ele, é "tentar identificar, no menor tempo possível, as tendências do mercado e evitar que as estratégias de negociação sejam detectadas pelos demais participantes"[21].

Com a sofisticação das infraestruturas de gestão, acompanhamento e intervenção em tempo real, já não se exige proximidade entre os lugares de planejamento, produção e consumo. Pelo contrário, há uma íntima relação entre a desterritorialização da produção e as instâncias de controle de todo o fluxo empresarial, por meio digital.

Para se ajustar a mercados geograficamente dispersos, as organizações passaram a gerir seus empreendimentos a partir de um centro de inteligência – a *holding* – incumbido de estabelecer prioridades, diretrizes, planos de inovação e parâmetros de rentabilidade para subsidiárias e filiais. A *holding* destaca-se como polo de planejamento e decisão ao qual se remetem as estratégias locais, nacionais e regionais. Ela organiza e supervisiona a instituição de cima a baixo, em fragmentos e nódulos de uma rede constituída por eixos estratégicos comuns e hierarquias intermediárias flexíveis. As tecnologias são insubstituíveis para o exercício do comando à distância, pois possibilitam a coordenação e a descentralização dos processos decisórios, bem como a articulação entre os procedimentos operacionais de filiais, subsidiárias, departamentos e áreas de planejamento, execução, controle e integração.

Temos, portanto, uma concentração de poder sem centralização operacional. Todavia, não nos esqueçamos de que essa flexibilidade é relativa, já que filiais e subsidiárias permanecem no raio de eventuais reorientações da matriz. A *holding* avaliza uma rede corporativa formada por elementos complementares, mas mantém, graças à informatização, a ascendência sobre o todo, recorrendo a meca-

---

[21] Marcelo D'Agosto, "Conhecer o mercado para lucrar mais", *Valor Econômico*, 24 out. 2012.

nismos de acompanhamento de metas de produção, custos, comercialização e receitas.

Nem Hollywood escapa da descentralização dos parques produtivos. Grandes estúdios entraram na era da *runaway production* [produção expatriada] e buscam países que acenam com mão de obra especializada mais barata e encargos fiscais bem menores do que os norte-americanos. Enquanto os astros (atores, roteiristas, diretores) continuam afluindo para a Califórnia, técnicos e elencos de apoio são recrutados nos locais que abrigam as filmagens. Segundo Harvey B. Feigenbaum[22], o Canadá tem sido um dos mais beneficiados com os deslocamentos das produções para fora dos Estados Unidos, em razão de proximidade geográfica, idioma comum, semelhanças com cidades norte-americanas, relações entre os sindicatos de ambos os países, desvalorização do dólar canadense e reduções de impostos. Hollywood expande-se para outras regiões do planeta, como descreve Feigenbaum:

> Para filmar *Titanic*, a Fox construiu um estúdio gigantesco no México, onde as leis são bastante favoráveis aos investidores. Na Austrália, para atrair a indústria cinematográfica norte-americana, é o Estado que subvenciona a construção de estúdios de filmagens e pós-produção. [...] Na Europa, a história bem conhecida dos deslocamentos rumo aos velhos países do bloco comunista começa a atingir também a produção cinematográfica. A República Tcheca, que dispõe de infraestruturas e de um *savoir-faire* reconhecidos, seduz as produções hollywoodianas. Na Romênia, o custo irrisório da mão de obra permite atrair projetos de alta qualidade.[23]

Nestes países, as associações de produtores, diretores e técnicos reclamam da concorrência desigual, porque não dispõem dos recursos e

---

[22]   Harvey B. Feigenbaum, "Hollywood na era da produção globalizada", *Le Monde Diplomatique*, set. 2005.

[23]   Idem.

Sistema midiático, mercantilização cultural e poder mundial

das vantagens oferecidas aos estúdios estrangeiros, nem contam com legislações que protejam, de modo eficaz, a cinematografia nacional.

O deslocamento da produção é apenas um exemplo das profundas mudanças estruturais e organizacionais em Hollywood. Os grandes estúdios de Los Angeles, embora continuem existindo, não centralizam mais os processos de produção e distribuição dos filmes. Hoje são responsáveis pela coordenação da distribuição nacional e internacional e pela parte financeira, além da aprovação de *scripts*, do controle de copyright e das regulamentações. Já as etapas de produção dos filmes ultrapassam os limites do polo cinematográfico e envolvem empresas especializadas e terceirizadas, mas interligadas. Estima-se que participem do mercado de cinema e televisão nos Estados Unidos em torno de 115 mil empresas, a maioria de pequeno ou médio porte. A elas se ligam cerca de 770 mil assalariados e 1,7 milhão de pessoas empregadas indiretamente. Trata-se, pois, de um modelo de terceirização em que cada filme é um empreendimento autônomo[24].

Para viabilizar produções com orçamentos milionários, estúdios de Hollywood se estruturam em moldes semelhantes aos de instituições financeiras: uma fatia apreciável do dinheiro aplicado não lhe pertence, já que provém de investidores, patrocinadores e coprodutores. O ex-vice-presidente da Sony Pictures, Frances Seghers, esclarece:

> O papel dos estúdios é ao mesmo tempo um pouco menor e um pouco maior que o de um simples banco. [...] Uma parte considerável do dinheiro de que o estúdio dispõe [...] é constituída pelos valores depositados antecipadamente por dezenas de produtores, pelas pré-vendas de direitos para a televisão, pelos acordos com fabricantes de videogames, os acertos antecipados com as companhias de aviação e cadeias de hotel, no caso dos filmes que vão exibir, para não falar das subvenções oficiais dos estados para beneficiar as filmagens em território america-

---

[24] Frédéric Martel, *Mainstream: a guerra global das mídias e das culturas* (Rio de Janeiro, Civilização Brasileira, 2012), p. 88.

Dênis de Moraes

no. [...] Os estúdios também usam os fluxos de caixa liberados por investidores próprios [...], empréstimos bancários e outras formas diversificadas de investimento, além dos aportes financeiros de indivíduos ricos. [...] Mas os estúdios são mais que um banco. Além do seu aporte financeiro, detêm e controlam o copyright do filme, capital não raro inestimável.[25]

As transformações de Hollywood atestam a união dos conceitos regional e global que permeia as estratégias comerciais dos conglomerados. A indústria cinematográfica, como negócio internacional, planeja seus produtos visando suprir demandas do mercado mundial. Basta ver que os lucros obtidos fora dos Estados Unidos podem representar, em muitos casos, mais de 60% dos rendimentos de um filme. Ao mesmo tempo, o crescimento expressivo da bilheteria de produções norte-americanas em outros países obriga os estúdios a buscarem novas formas de agradar a grupos específicos. Por mais contraditório que pareça, para atingir um público universal, as empresas não podem se desligar de preferências e particularidades geoculturais.

A gestão das identidades culturais em escala global

A competência para internacionalizar a produção cultural depende de combinações entre as linhas de investimentos externos e entornos econômicos e socioculturais. As informações provenientes de um determinado tempo-espaço constituem fatores cruciais para estratégias inovadoras e atentas às nuanças dos mercados. As *holdings* de publicidade firmam acordos com subsidiárias e agências associadas para o compartilhamento de campanhas regionais e locais, com programação simultânea de anúncios em uma centena de países, muitos dos quais produzidos em série e adaptados a idiomas e traços específicos, a um custo inferior do que se fossem programados para

---

[25] Seghers citado em Frédéric Martel, *Mainstream*, cit., p. 89.

Sistema midiático, mercantilização cultural e poder mundial

mercados isolados. São implementadas políticas de produção, comercialização e marketing, absorvendo particularidades socioculturais dos países em que se encontram. O desafio consiste em coadunar os alvos mercadológicos com cada área, seja para fixar a impressão de que os produtos pairam acima de singularidades, seja para incorporar demandas locais. Como fez a Disney com a série "High School Musical": para assegurar plateias de adolescentes em vários continentes, o terceiro episódio, "Senior year", de 2008, foi cantado em 17 idiomas, inclusive o hindu (de olho no populoso mercado consumidor da Índia)[26].

Os melodramas de Bollywood (a prolífica indústria cinematográfica da Índia, que produz mil filmes por ano, o dobro de Hollywood), com suas longas cenas de dança e melodias sentimentais, passavam despercebidos na Europa. Mas desde que a música pop indiana foi introduzida nas trilhas sonoras e nos videoclipes das gravadoras transnacionais, Bollywood empolgou as discotecas de Londres, Paris e Berlim, que gostam de relacioná-la a reggae, hip hop e tecno. Bollywood segue o exemplo de Hollywood, aproveitando a convergência digital para ampliar lucros com a produção audiovisual para televisão, internet, videogames e celulares. E ainda copia os Estados Unidos com a construção, em Mumbai, a capital indiana do cinema e do entretenimento, de um parque temático semelhante aos de Hollywood, nos quais os fãs podem visitar os estúdios, cercados por *merchandisings* ["publicidade"] de todos os lados, lanchonetes, um *hall* da fama, museus e visitas guiadas a *sets* de filmagem[27].

---

[26]   Vale citar a ocidentalização do Vietnã, a reboque da "abertura econômica" que atrai bilhões de dólares em investimentos estrangeiros diretos. Um Estado predominantemente guiado pelas leis do mercado não se importa em oferecer como atrativos comerciais o baixíssimo custo da mão de obra e a precarização dos direitos trabalhistas. A jornalista brasileira Luciene Antunes, que visitou o Vietnã, assim descreve mutações no modo de vida e no consumo: "Em meio ao mar de motocicletas japonesas circulando pelas ruas das grandes cidades do país, podem ser vistos alguns carros importados, como BMW e Mercedes. Nas ruas de Ho Chi Minh, a antiga Saigon, figuram boutiques de grifes de luxo, como Louis Vuitton, Gucci e Dolce & Gabbana", Luciene Antunes, "A China da China", *Exame*, 7 nov. 2007.

[27]   *Reuters*, 27 abr. 2007.

Quando os consumidores se inclinam pela produção local, os conglomerados incumbem-se de reforçar estratégias de regionalização, especialmente nos chamados mercados emergentes. Ansiosas por faturar em um país no qual U$ 19 de cada U$ 20 arrecadados nas bilheterias são destinados a filmes nacionais, Sony, Warner e Fox ligaram-se a estúdios de Bollywood para financiar produções na Índia. A News avança na Ásia coproduzindo, em estúdios e idiomas locais, programas de televisão para 240 milhões de espectadores do Japão, China, Indonésia, Filipinas, Coreia do Sul, Tailândia, Malásia, Hong Kong, Taiwan, Índia e Paquistão. Os seriados norte-americanos não ficam atrás: as versões locais de programas têm conquistado recordes de audiência e preenchem horários nobres das grades televisivas. A grande oferta de canais abertos e pagos fez crescer, nos últimos anos, a demanda por conteúdos que consigam aliar o estilo de produção americano com certos traços e tradições do público de cada país. A estratégia permite adaptações e ajustes em regiões de cultura conservadora, nas quais determinados temas ou abordagens poderiam representar uma ofensa aos hábitos sociais[28].

Quando publiquei o livro *O planeta mídia*, em 1998, sublinhei o magnetismo da "geração filho único" da China pelo *american way of life*. Uma década e meia depois, com a China no topo das potências mundiais, a tentação só fez aumentar. Os jovens de classe média de Pequim e Xangai são inseparáveis dos tênis Adidas, Nike ou Reebok, das camisetas e bonés da NBA, dos seus iPods e iPhones com espessura inferior a um centímetro. Os chineses estão entre os maiores consumidores de *fast-food* do mundo. Os lucros da multi-

---

[28] Kristen Schweizer, "Séries de TV dos EUA ganham novos sotaques", *Bloomberg Businessweek/Valor Econômico*, 20 nov. 2012. Processo análogo observa-se no setor de jogos eletrônicos. Com a expansão do mercado no Brasil, as empresas apressaram a tradução dos videogames para o português. Segundo a consultoria GFK Retail and Technology, em 2012, as vendas aumentaram 144% em relação a 2011. Entre os 30 jogos comercializados pela Microsoft no país, 22 já receberam legendas ou dublagens. Seguindo essa lógica, a Ubisoft dobrou os lançamentos em português entre 2010 e 2012. A inserção de personagens e paisagens brasileiras foi adotada pela Rockstar em diversos jogos. Ver Bruna Cortez, "Brasil é cenário de tramas", *Valor Econômico*, 9 nov. 2012.

nacional Yum!, proprietária das 4 mil lojas no país das redes Kentucky Fried Chicken (KFC), Pizza Hut e Taco Bell, crescem 14% a cada trimestre. A marca KFC é popular não apenas por ser a pioneira, como também pela capacidade de se adaptar ao gosto dos consumidores chineses, oferecendo em seus cardápios, afora frangos, frutos do mar, vegetais frescos, sopas e pratos de arroz[29]. Seus concorrentes são gigantes mundiais, como McDonald's, com 1.400 lanchonetes, e Burger King, com mil. Na tentativa de aliar o gosto chinês aos hábitos ocidentais, os novos cardápios da Starbucks incluem frappuccino de feijão vermelho, leite de soja, camarão frito e bolo de cenoura com vários garfos, para facilitar o habitual compartilhamento entre amigos[30].

As identidades locais funcionam como uma representação das diferenças comercializáveis, isto é, "submetidas a maquiagens que reforçam seu exotismo e a hibridações que neutralizam suas classes mais conflitivas". A partir de tal juízo, Jesús Martín-Barbero[31] assinala que o processo de aculturação acelera "operações de desenraizamento" com as quais o grande capital procura inscrever as identidades nas lógicas dos fluxos: "dispositivo de tradução de todas as diferenças culturais para a linguagem franca do mundo tecnofinanceiro, e volatilização das identidades para que flutuem livremente no esvaziamento moral e na indiferença cultural".

Aculturação que oculta uma ambiguidade proposital: embora as firmas globais assimilem predicados dos gostos e particularidades regionais, o que gera hibridações e contradita a ideia de homogeneização cultural sem freios, em momento algum renunciam à meta de se apropriar dos traços disponíveis para continuar atrain-

---

[29] John Grgurich, "How this fast food chain is eating McDonald's lunch in Asia", *Daily Finance/AOL*, 6 jul. 2012.

[30] Laurie Burkitt, "Starbucks se adapta ao gosto dos chineses", *Valor Econômico/The Wall Street Journal*, 28 nov. 2012.

[31] Jesús-Martín Barbero, "Tecnicidades, identidades, alteridades: mudanças e opacidades da comunicação no novo século", em Dênis de Moraes, *Sociedade midiatizada* (Rio de Janeiro, Mauad, 2006), p. 61.

do o "imaginário de massa" para seus produtos, pré-requisito à expansão internacional.

Existem até modelos estratégicos de superação das diferenças culturais, com objetivos mercadológicos, conforme Thiry-Cherques[32] :

1. Um modelo tradicional, de ingerência direta da organização sobre o meio em que atua, incluindo-se aí as organizações que dela dependem.
2. Um segundo modelo, hegemônico, de interferência mediada.
3. Um modelo harmônico, de integração cultural. Esses modelos são tipos-ideais, servem como referências. Só raramente existem em estado puro, o mais comum é encontrá-los em formas híbridas.

O primeiro modelo se baseia na "aculturação forçada", quando as características e o espírito da organização prevalecem sobre os traços culturais dos receptores. A transferência dos valores da empresa para o público ignora as diferenças culturais e rejeita os valores originários. A segunda forma de superação cultural é marcada pela idealização do espírito da empresa. A diversidade cultural não é negada, mas os traços específicos do contexto são desvalorizados ou desconsiderados. Deste modo, uma espécie de "imperialismo organizacional" transforma manifestações pessoais em espelhos do espírito da empresa. Por último, o modelo harmônico se define pela flexibilidade nas relações entre a empresa e o seu meio. A ferramenta para conquistar mercados, neste caso, é a aproximação com as diversas culturas correspondentes aos contextos espaço-temporais. Assim, "as diferenças entre os traços culturais são objeto de um acordo pragmático, de relativização estrutural, em que a troca cultural é incentivada".

---

[32] Hermano Roberto Thiry-Cherques, "Cultura e valores nas empresas brasileiras: três estratégias corporativas", *Revista da ESPM*, mar.-abr. 2010, p. 90-1.

A intenção dos estrategistas, em última análise, é incorporar/ adaptar/reciclar/contornar elementos culturais de uma dada formação social, atraindo consumidores locais com a supressão de entraves à livre circulação dos produtos. Daí Renata Salecl[33] conjugar a apropriação mercadológica de diferenças e traços culturais específicos à percepção de que, na atual fase do capitalismo, "mudanças de identidade e identificações são celebradas como uma nova onda e transformadas em lucro".

O frenesi mercantil da arte

Na moldura de mercantilização generalizada, o sistema midiático e os setores culturais também estão imersos na obsessão do lucro que preside a expansão da forma-mercadoria a todos os campos de atividades. Não raro, imagens e objetos transcendem as intenções originais de seus criadores para completar um circuito de produção e comercialização que engloba megaeventos, espaços públicos, museus, festivais, bienais, feiras, competições esportivas, programações televisivas e arenas multimídias. Integrada, como as demais áreas produtivas, ao consumismo, a esfera cultural vem se tornando componente essencial na lubrificação dos sistemas econômico e midiático. A conversão da cultura em economia e da economia em cultura sobressai como um dos alicerces do capitalismo atual. Já foram praticamente extintas as antigas fronteiras entre a produção econômica e a vida cultural, porque os interesses comerciais costumam prevalecer tanto sobre valores estéticos e artísticos quanto sobre o significado ético-social.

Zygmunt Bauman[34] observa que a cultura se converte em um "armazém de produtos para consumo" ou "uma espécie de seção da loja

---

[33] Renata Salecl, *Sobre a felicidade: ansiedade e consumo na era do hipercapitalismo* (São Paulo, Alameda, 2005), p. 40-1.

[34] Zygmunt Bauman, *44 cartas ao mundo líquido moderno* (Rio de Janeiro, Zahar, 2011).

de departamentos que tem 'tudo que você precisa e deseja', na qual se transformou o mundo habitado por consumidores". E acrescenta:

> Como em outros departamentos desse tipo de loja, as prateleiras estão abarrotadas de mercadorias sempre repostas, e os balcões são decorados com anúncios das mais recentes ofertas – eles mesmos destinados a desaparecer como as atrações que promovem".

Ao cancelar a diferença entre a produção artística e a produção geral de mercadorias, a mercantilização arrasta para o consumo de massa e para o comércio de significados em larga escala um conjunto de manifestações até então tidas como elitistas (exposições, ciclos de conferências, música erudita) e que agora se projetam nas agendas midiáticas como megaeventos, atrelados à publicidade, aos esquemas promocionais, aos cálculos da lógica financeirizante, aos efeitos de atração de público/audiência e à geração de dividendos. Ocupam museus, centros culturais, espaços ao ar livre, galerias, telões, mídias digitais e celulares. Conquistam patrocínios e financiamentos públicos e privados, aproveitando leis de incentivos e isenções tributárias. Mostras itinerantes de Monet, Rodin, Cézanne e Picasso distinguem--se como chamariz para vultosas receitas que começam nas bilheterias e prolongam-se na venda de catálogos, reproduções de quadros, vídeos, pôsteres, calendários, camisetas etc.

A própria noção de museu alterou-se radicalmente nas últimas décadas. Os antigos templos de fruição estética para iniciados e *experts* sobressaem como lugares coligados ao cosmopolitismo cultural – não raro, oferecendo acesso *wi-fi* em seus salões e imagens dos acervos em telões digitais instalados em jardins e áreas de convivência. As exposições extrapolam os espaços físicos convencionais e se virtualizam nas páginas da internet ou em DVDs vendidos em boutiques e livrarias anexas. As bilheterias passaram a ser apenas um dos componentes da milionária receita dos museus. Em Paris, a livraria do Louvre fatura mais de US$ 30 milhões anuais com 3,5 milhões de visitantes, enquanto no Centro Georges Pompidou (Beaubourg), o lucro comercial cresceu 64,4% com concessões, locação de espaços e permutas. O Guggenheim, de Nova York, expandiu-se numa lucrativa rede de filiais para Berlim, Veneza, Las Vegas, Bilbao e Dubai. Desde a inauguração, em 1997, dessa filial do Guggenheim, Bilbao tornou-se o destino anual de 1,5 milhão de turistas, gerando US$ 775 milhões em impactos econômicos. O sucesso levou prefeituras de mais de 120 cidades do mundo a proporem projetos semelhantes à Fundação Guggenheim.

A exploração da arte acentuou, em proporções inimagináveis décadas atrás, um processo de mercantilização que já incluía *marchands*, colecionadores, leilões, bolsas de negócios, mostras, bienais e salões. Hoje, exposições viabilizam-se comercialmente através de repartição de custos entre museus, galerias, governos, bancos (Chase Manhattan, Santander e Deustsche Bank), corporações (Exxon, Samsung e Telefónica) e magnatas colecionadores (como o mexicano Carlos Slim, dono do grupo Telmex e um dos homens mais ricos do mundo, que possui a maior coleção de obras de Auguste Rodin fora da França). Formam-se circuitos mundializados de exibição, envolvendo parcerias entre Guggenheim, Louvre e Centro Pompidou em Paris, Tate Modern em Londres, Prado em Madri, MoMA e Metropolitan em Nova York[35].

A rentabilidade trazida por doações, patrocínios, acordos, subsídios, parcerias com corporações transnacionais, ingressos e serviços agregados tem aumentado as aplicações privadas no setor. Os fundos de investimentos em arte superaram as expectativas do mercado e apresentam altas taxas de lucratividade. A valorização das obras nos últimos anos transformou a arte em *"commodity abstrata"*. Só o The Fine Art Fund Group, com investidores de vários países, dispõe de US$ 150 milhões em ativos[36]. Segundo a colunista Sonia Racy, os riscos financeiros são os mesmos de qualquer outra aplicação – ou seja, o mercado da arte hoje é tão especulativo e sujeito a oscilações

---

[35] Philippe Pataud Célérier, "Quando os museus viram mercadoria", *Le Monde Diplomatique*, fev. 2007; Vicente Verdú, "La larga cola del museo", *El País*, 3 maio 2008.

[36] Dados obtidos no site do The Fine Art Fund Group. Disponível em: <http://www.thefineartfund.com>.

Dênis de Moraes

quanto uma carteira de ações –, mas existe um diferencial na expressão artística que atrai investidores.

> E qual a razão para investir em arte? Diversificação tem sido a resposta mais frequente. Os preços nesse meio se movem, muitas vezes, em direções diferentes das adotadas em aplicações em títulos e ações. O que significa, no fim das contas, que o investidor diversificou seus riscos. Um fundo de arte pode superar os percalços da economia explorando boas oportunidades em leilões e trabalhando em colaboração com galeristas para rastrear o histórico de vendas dos artistas. Assim sendo, o investidor tem um *marchand* trabalhando em tempo integral para ele. Infelizmente, o que se compra não dá para levar para casa e colocar na parede – se fosse assim, seria uma coleção de arte, não um investimento.[37]

Nos últimos anos, a crise econômica e as sucessivas quedas nas carteiras de ações de grandes empresas contribuíram para fortalecer o mercado da arte. O aumento das vendas de obras caras nos Estados Unidos, por exemplo, tem sido atribuído por especialistas ao propósito de proteger o capital da volatilidade do mercado financeiro[38]. Pesquisa realizada pela consultoria Barclays Wealth mostrou que os milionários estão aplicando, em média, 9,6% de suas fortunas em ativos não financeiros. Entre os 2 mil investidores entrevistados, 49% declararam ter adquirido quadros de alto valor[39].

Podemos mencionar ainda a comercialização de espaços religiosos com valores históricos e patrimônios artísticos. Várias igrejas de Veneza, Paris, Barcelona, Berlim e Londres agora cobram entradas dos visitantes, abriram lojas de lembranças e se associaram a agências de viagens para fazerem parte de pacotes turísticos oferecidos em mais de uma centena de países. Uma mínima ideia do faturamento

---

[37] Sonia Racy, "*Commodity* abstrata", *Tam nas Nuvens*, set. 2012.

[38] Katya Kazakina, "Derrocada de Wall Street aquece mercado da arte", *Bloomberg*, 24 ago. 2012.

[39] Ben Steverman, "De mal com a bolsa, investidores ricos partem para 'ativos tesouro'", *Bloomberg*, 20 jun. 2012.

obtido: cada um dos 800 mil visitantes anuais, de 46 nacionalidades diferentes, paga € 8 para conhecer a Sainte-Chapelle, igreja gótica construída no século XIII em Paris.

O exemplo dos museus e das igrejas ilustra como a lógica da mercantilização costuma ser indiferente ao valor cultural intrínseco dos bens simbólicos; o interesse primordial é a sua conversão ao estatuto de mercadoria, e por isso mesmo não foge à exigência capitalista de remunerar o capital investido. A dissolução da aura da alta cultura e os investimentos em mercadorias da cultura de massa conjugam-se ao diagnóstico de Jameson[40]: a natureza intrínseca do produto perde significância, é um mero pretexto de marketing. Isso porque, na economia globalizada,

> o objetivo da produção não está mais voltado a nenhum mercado específico, a nenhum conjunto específico de consumidores ou de necessidades individuais ou sociais, mas antes à sua transformação naquele elemento [o valor de troca] que, por definição, não tem nenhum conteúdo ou território e, de fato, nenhum valor de uso.

O esporte como chamariz da espetacularização

As espetacularizações tornaram-se imprescindíveis à mundialização dos eventos, envolvendo direitos de televisionamento, patrocínios, sorteios, promoções e *merchandising* de marcas. A mercantilização das transmissões midiáticas estende-se, inclusive, a efemérides religiosas de alcance global. É o caso da 27ª Jornada Mundial da Juventude, em 2013, no Rio de Janeiro, divulgada em mais de uma centena de países pelos meios de comunicação. Para receber um público de cerca de 2,5 milhões de jovens, foi criado um Comitê Organizador, exatamente nos moldes da Copa do Mundo e dos Jogos

---

[40] Fredric Jameson, *A cultura do dinheiro: ensaios sobre a globalização* (Petrópolis, Vozes, 2001), p. 163.

Olímpicos, com 108 funcionários de diversos países. A Arquidiocese do Rio contratou a empresa responsável pela organização do Rock in Rio em 2011. Do orçamento estimado em R$ 430 milhões, R$ 300 milhões resultaram do pagamento das inscrições pelos peregrinos (as taxas variavam entre R$ 150 e R$ 600) e R$ 130 milhões foram arrecadados junto a patrocinadores privados (na lista de grupos econômicos consultados, havia bancos, montadoras de automóveis, redes varejistas, companhias telefônicas, planos de assistência médica e redes hospitalares, seguradoras, mineradoras e empresas de óleo e gás). Para divulgar as marcas, logotipos dos patrocinadores foram exibidos em placas, faixas de indicação e torres de vídeo, de fácil captação pelas câmeras. O projeto de licenciamento da marca JMJ (Jornada Mundial da Juventude) incluiu a venda de copos, camisetas, santinhos e estátuas do Cristo Redentor[41].

O cálculo da cultura mercantilizada converte o esporte em uma das mais lucrativas indústrias capitalistas. As difusões midiáticas constituem a pedra de toque para a mundialização dos eventos. Os planos de comercialização levam em conta direitos de transmissão, patrocínios, sorteios, promoções, *merchandising* de marcas. Douglas Kellner observa que a lógica da mercadoria está implícita nos esportes profissionais, "que já não podem existir sem o acompanhamento de torcidas organizadas, mascotes que brinquem com os jogadores e os espectadores, sorteios, promoções e competições conectando os produtos de vários patrocinadores"[42]. Os próprios estádios, completa Kellner, possuem painéis que reproduzem eletronicamente as jogadas, assim como anúncios gigantes de produtos "que se alternam até a máxima saturação para incrementar o espetáculo de consumo".

Os negócios esportivos movimentam mais de US$ 1 trilhão (US$ 200 bilhões somente nos Estados Unidos). A NBA, liga pro-

---

[41] Paola de Moura, "Cariocas abrigarão 2,5 milhões de fiéis em megaevento católico", *Valor Econômico*, 19 nov. 2012.

[42] Douglas Kellner, "A cultura da mídia e o triunfo do espetáculo", em Dênis de Morais (org.), *Sociedade midiatizada* (Rio de Janeiro, Mauad, 2006), p. 128-9.

Sistema midiático, mercantilização cultural e poder mundial

fissional americana de basquete, amealha bilhões de dólares em cotas de patrocínio, televisionamento, ingressos, assinaturas de TV a cabo e dezenas de produtos (tênis, bonés, videogames, DVDs, vídeos, uniformes, livros, álbuns, revistas, chaveiros, adesivos, bolas, pôsteres etc.).

As competições viraram nichos econômicos no mercado global, cada vez mais atrelado ao poder da divulgação televisiva. A enorme lucratividade e a massificação do esporte foram impulsionadas pela evolução das tecnologias. A televisão por satélites e cabos, o surgimento dos dispositivos *wi-fi*, a popularização dos celulares, *smartphones* e *tablets* facilitaram a obtenção de informações em tempo real e a transmissão dos eventos ao vivo.

O fenômeno não acontece apenas de quatro em quatro anos. É só lembrarmos que o futebol mundial fatura US$ 250 bilhões por ano. A operadora de TV paga britânica BSkyB, pertencente ao czar da mídia global, Rupert Murdoch, tornou-se a mais lucrativa emissora de TV europeia adquirindo de canais públicos os direitos sobre eventos esportivos. Murdoch dá a senha: "O esporte é o melhor chamariz para a televisão. Dá sobrecarga ao restante da programação, pois incentiva os telespectadores a assinarem TV a cabo ou por satélite." Numa assembleia de acionistas da News, ele definiu a diretiva que leva o conglomerado a investir em coberturas esportivas: "Temos a intenção de usar o esporte como aríete e principal produto de oferta em todas as nossas operações de televisão por assinatura"[43].

No caso do futebol, a lógica transnacional dos negócios alterou o tipo de relação tradicionalmente estabelecido entre clubes e seleções e os imaginários culturais dos diferentes países. A internacionalização das competições – envolvendo clubes com patrocínios e elencos caríssimos, com jogadores recrutados em todo o mundo – entrou em conflito com o futebol como expressão de identidade nacional. Mesmo na Copa do Mundo, que reúne, a cada quatro anos, as seleções dos países classificados, predominam os imperativos econômicos da

---

[43] *The Economist*, 12 jun. 1998.

Dênis de Moraes

globalização, que integram o futebol às exigências da comercialização, dos calendários de transmissão midiática e à apropriação de traços e gostos culturais pelas artimanhas do marketing global[44].

Considerações finais

No processo de reprodução ampliada do capitalismo, como tenho reiterado, o sistema midiático desempenha um duplo papel estratégico. O primeiro diz respeito à sua condição peculiar de agente discursivo da globalização e do neoliberalismo. Não apenas legitima o ideário global, como também o transforma no discurso social hegemônico, propagando valores e modos de vida que transferem para o mercado a regulação das demandas coletivas. A doxa neoliberal procura neutralizar o pensamento crítico, reduzir o espaço para ideias alternativas e contestadoras, ainda que estas continuem se manifestando, resistindo e reinventando-se. Trata-se, pois, de uma função ideológica que consiste em "realizar a lógica do poder fazendo com que as divisões e as diferenças apareçam como simples diversidade das condições de vida de cada um", o que significa "escamotear o conflito, dissimular a dominação e ocultar a presença do particular, enquanto particular dando-lhe a aparência do universal"[45]. O segundo papel exercido pelos conglomerados de mídia é o de agentes econômicos. Todos figuram entre as trezentas maiores empresas

---

[44] A associação das marcas a megaeventos esportivos transmitidos pela televisão converte-se em estratégia de marketing com resultados infalíveis em termos de ganhos financeiros e promoção de imagem corporativa. Os comitês organizadores da Copa do Mundo de 2014 e dos Jogos Olímpicos de 2016, ambos no Brasil, preveem que os eventos como plataformas de venda de produtos e marcas atrairão algumas dezenas de grandes patrocinadores, como McDonald's e Visa, os únicos que adquiriram cotas nos dois torneios, tendo Mastercard sido desbancada pela Visa como patrocinadora oficial da Copa. Ver Luiz Maciel, "Criatividade para chegar ao pódio", *Valor Setorial*, nov. 2012.

[45] Marilena Chauí, *Cultura e democracia* (São Paulo, Moderna, 1982), p. 21.

não financeiras do mundo[46] e dominam os ramos de informação e entretenimento, com participações cruzadas em negócios de telecomunicações, informática e audiovisual. Sem contar a enorme rentabilidade que obtêm com as transmissões espetacularizadas de eventos culturais, esportivos, jornalísticos e até religiosos.

O sistema corporativo explora uma gama de empreendimentos e serviços tornados convergentes e sinergéticos pela digitalização. A execução de tal objetivo implica a reorganização das relações entre os grupos globais e os públicos regionais, nacionais e locais, por intermédio de ações de marketing que caucionam uma oferta mais heterogênea e mesclada de produtos, em consonância com dinâmicas estratificadas e desterritorializadas de consumo. A acirrada competitividade obriga gigantes empresariais a incorporar mesclas e hibridações com traços característicos de países e regiões, a fim de se ajustarem a demandas de clientelas específicas.

Não devemos subestimar o risco de curto-circuito na soberania cultural com a transnacionalização dos negócios, especialmente pela fragilidade de mecanismos de regulação dos fluxos audiovisuais e de capital que cruzam fronteiras em transmissões via satélites e redes infoeletrônicas. Em verdade, a universalização de produtos, marcas, eventos e referências culturais pode abalar a antiga supremacia de localismos e regionalismos, tradições e traços comunitários específicos, transformados agora em componentes de ampla e complexa geografia de consumo. Embora permita maior circulação de dados, sons e imagens pelo planeta, o mundo globalizado frequentemente desaloja a ideia original de territorialidade, e com isso é afetada a noção de identidade associada à partilha de crenças e sentidos comuns. A demarcação do caráter nacional de boa parte dos conteúdos em circulação torna-se problemática, tendo em vista que os materiais são produzidos e distribuídos por grupos transnacionais, a partir de

---

[46] Consultar Robert McChesney, "Mídia global, neoliberalismo e imperialismo", em Dênis de Moraes (org.), *Por uma outra comunicação: mídia, mundialização cultural e poder.* (Rio de Janeiro, Record, 2003), p. 221.

suas matrizes industriais. Não raro, estes grupos sequer têm filiais ou estruturas físicas em países onde suas mercadorias são comercializadas por sócios ou representantes locais – ainda que se abasteçam de conhecimentos sobre as realidades em que atuam, procurando criar pontes de conexão com as bases consumidoras. A rigor, as políticas de programação almejam a maximização de lucros, dentro das conveniências das fontes controladoras de emissão. Por conseguinte, a distribuição das ofertas simbólicas geralmente vincula as diferenças socioculturais aos interesses comerciais – isto é, "tende a construir somente diferenças vendáveis"[47].

Decerto, seria miopia enxergar apenas manipulações no que a mídia difunde, ou supor que toda a audiência submerge na passividade crônica. Bem sabemos que existem respostas, interações e assimilações diferenciadas por parte do público consumidor. Entretanto, devemos examinar atentamente o outro lado da moeda. Em face da concentração transnacional das indústrias culturais, a possibilidade de interferência do público (ou de frações dele) nas programações depende não somente da capacidade criativa e reativa dos indivíduos, como também de direitos coletivos e controles sociais sobre a produção e a circulação de informações e entretenimento[48].

Ainda que tenha sido ampliado, de modo exponencial, o espectro de produção, difusão e circulação de bens e serviços simbólicos, a mundialização cultural se inscreve mais na órbita das exigências mercadológicas do que propriamente nas variedades qualitativas ou em usufrutos equânimes de conhecimentos e informações.

À medida que essa configuração se cristaliza, reduz-se o campo de manobra para um desenvolvimento equilibrado e estável dos sistemas de comunicação e agravam-se descompassos estruturais em área estratégica da vida social. Daí a urgência de reclamarmos diversidade onde hoje vigora a concentração monopólica. Diversidade

---

[47] Jesús-Martín Barbero, *La educación desde la comunicación* (Buenos Aires, Norma, 2002), p. 76.

[48] Néstor García Canclini, *Diferentes, desiguales y desconectados: mapas de la interculturalidad* (Barcelona, Gedisa, 2004) p. 148.

pressupõe revitalizar manifestações do contraditório, confrontar pontos de vista e estimular trocas horizontais entre as culturas de povos, cidades e países. Diversidade se assegura, principalmente, com políticas públicas que valorizem a comunicação como direito humano e contribuam para deter a oligopolização da produção simbólica, a começar por mecanismos democráticos de regulação, de universalização de acessos, de proteção do patrimônio cultural intangível, de usos educativos e comunitários das tecnologias. Diversidade não se esgota nos acréscimos de opções de consumo que, via de regra, impõem ambições mercantis sobre as aspirações sociais por livre expressão e pluralidade. Diversidade só se alcança com o fortalecimento das vozes da cidadania, das dinâmicas participativas e múltiplas práticas culturais e interculturais.

Bibliografia

ALBORNOZ, Luis A. (org.). *Poder, medios, cultura:* una mirada crítica desde la economía política de la comunicación. Buenos Aires, Paidós, 2011.

ALMIRON, Nuria. La convergencia de intereses entre banca y grupos de comunicación: el caso de SCH y PRISA. *Zer – Revista de Estudios de Comunicación*. Bilbao, Universidade do País Barco, n. 22, maio 2007.

AMIN, Samir. La revolution technologique au coeur des contradictions do capitalism vieillisant. *Travail, capital et societé*, Montréal, n. 37, 2004.

APPADURAI, Arjun. *Modernity at large:* cultural dimensions of globalization. Minneapolis, Minnesota University Press, 1996.

BAUMAN, Zygmunt. *44 cartas ao mundo líquido moderno*. Rio de Janeiro, Zahar, 2011.

_____. *La sociedad sitiada*. Buenos Aires, Fondo de Cultura Económica, 2004.

_____. *Vida de consumo*. Buenos Aires, Fondo de Cultura Económica, 2007.

BARBERO, Jesús-Martín. *La educación desde la comunicación*. Buenos Aires, Norma, 2002.

_____. Tecnicidades, identidades, alteridades: mudanças e opacidades da comunicação no novo século. In: MORAES, Dênis de. *Sociedade midiatizada*. Rio de Janeiro, Mauad, 2006.

BERGER, John. *El tamaño de una bolsa*. Buenos Aires, Taurus, 2004.

Dênis de Moraes

BOLTANSKY, Luc; CHIAPELLO, Eve. *Le nouvel esprit du capitalisme*. Paris, Gallimard, 1999.

BOUQUILLION, Philippe. La constitution des pôles des industries de la culture et de la communication. Entre "coups" financiers et intégration de filiares industrielles. In: MIÈGE, Bernard (org.). *La concentration dans les industries de contenu*. Paris, Réseaux, 2005.

BOURDIEU, Pierre. *Capital cultural, escuela y espacio social*. Buenos Aires, Siglo XXI, 2008.

_____. *O poder simbólico*. Rio de Janeiro, Bertrand Brasil, 2007.

_____. *Sobre a televisão*. Rio de Janeiro, Zahar, 1997.

BRONCANO, Fernando. *Mundos artificiales:* filosofía del cambio tecnológico. Barcelona, Paidós, 2000.

BUSTAMANTE, Enrique (org.). *Comunicación y cultura en la era digital:* industrias, mercados y diversidad en España. Barcelona, Gedisa, 2002.

CANCLINI, Néstor García. *Diferentes, desiguales y desconectados:* mapas de la interculturalidad. Barcelona, Gedisa, 2004.

CASTELLS, Manuel. *A era da informação:* economia, sociedade e cultura. São Paulo, Paz e Terra, v. 1, 2000 (A sociedade em rede).

CHAUÍ, Marilena. *Cultura e democracia*. São Paulo, Moderna, 1982.

_____. *Simulacro e poder:* uma análise da mídia. São Paulo, Fundação Perseu Abramo, 2006.

DREIFUSS, René. *A época das perplexidades:* mundialização, globalização e planetarização – novos desafios. Petrópolis, Vozes, 1996.

_____. *Transformações:* matrizes do século XXI. Petrópolis, Vozes, 2004.

FEIGENBAUM, Harvey B. Hollywood na era da produção globalizada. *Le Monde Diplomatique*, set. 2005.

FORD, Aníbal. *La marca de la bestia*. Identificación, desigualdades e infoentretenimiento en la sociedad contemporánea. Buenos Aires, Norma, 1999.

GITLIN, Todd. *Mídias sem limite:* como a torrente de sons e imagens domina nossas vidas. Rio de Janeiro, Civilização Brasileira, 2003.

HARVEY, David. A arte de lucrar: globalização, monopólio e exploração da cultura. In: _____. *O novo imperialismo*. São Paulo, Loyola, 2004.

JAMESON, Fredric. *A cultura do dinheiro:* ensaios sobre a globalização. Petrópolis, Vozes, 2001.

_____. Falso movimento, entrevista a Marcelo Rezende. *Folha de S.Paulo*, 19 nov. 1995.

_____. *Pós-modernismo:* a lógica cultural do capitalismo tardio. São Paulo, Ática, 1996.

_____. Reificação e utopia na cultura de massa. *Crítica Marxista*. São Paulo, v. 1, n. 1, 1994.

KAPUŚCIŃSKI, Ryszard. *El mundo de hoy:* autorretrato de un reportero. Barcelona, Anagrama, 2009.

_____. *Los cínicos no sirven para este oficio:* sobre el buen periodismo. Barcelona, Anagrama, 2002.

KELLNER, Douglas. *A cultura da mídia*. Bauru: Edusc, 2001.

_____. A cultura da mídia e o triunfo do espetáculo. In: MORAES, Dênis de (org.). *Sociedade midiatizada*. Rio de Janeiro, Mauad, 2006.

LIPOVETSKY, Gilles; SERROY, Jean. *A cultura-mundo:* resposta a uma sociedade desorientada. São Paulo, Companhia das Letras, 2011.

MARTEL, Frédéric. *Mainstream: a guerra global das mídias e das culturas*. Rio de Janeiro, Civilização Brasileira, 2012.

MARX, Karl. *Grundrisse:* manuscritos econômicos de 1857-1858: esboços da crítica da economia política. São Paulo/Rio de Janeiro, Boitempo/Editora UFRJ, 2011.

_____. *Manuscritos econômico-filosóficos*. 1. ed. rev., São Paulo, Boitempo, 2010.

MAYOS, Gonçal; BREY, Antoni (orgs.). *La sociedad de la ignorancia*. Barcelona, Península, 2011.

MCCHESNEY, Robert. *The problem of the media:* US communication politics in the Twenty-First Century. Nova York, Monthly Review Press, 2004.

MIÉGE, Bernard. *La société conquise par la communication (tome III):* les Tic entre innovation technologique et ancrage social. Grenoble, PUG, 2007.

MORAES, Dênis de. *Cultura mediática y poder mundial*. Buenos Aires, Norma, 2006a.

_____. Cultura tecnológica, innovación y mercantilización. In: *Pensar a Contracorriente VII*. La Habana, Editorial de Ciencias Sociales, 2010a.

_____ (org.). *Mutaciones de lo visible:* comunicación y processos culturales en la era digital. Buenos Aires, Paidós, 2010b.

_____ (org.). *Por uma outra comunicação:* mídia, mundialização e poder. Rio de Janeiro, Record, 2003.

_____ (org.). *Sociedade midiatizada*. Rio de Janeiro, Mauad, 2006b.

MORLEY, David. *Medios, modernidad y tecnología:* hacia una teoría interdisciplinaria de la cultura. Barcelona: Gedisa, 2008.

RAMONET, Ignacio. *A tirania da comunicação*. Petrópolis, Vozes, 1999.

RANCIÈRE, Jacques. *Momentos políticos*. Buenos Aires, Capital Intelectual, 2010.

RIFKIN, Jeremy. *La era del acceso:* la revolución de la nueva economía. Barcelona, Paidós, 2000.

ROSA, Hartmut. *Aliénation et accéleration:* vers une théorie critique de la modernité tardive. Paris, La Découverte, 2012.

SALECL, Renata. *Sobre a felicidade:* ansiedade e consumo na era do hipercapitalismo. São Paulo, Alameda, 2005.

SANTOS, Milton. *Por uma outra globalização:* do pensamento único à consciência universal. Rio de Janeiro, Record, 2000.

_____. *O país distorcido:* Brasil, a globalização e a cidadania. São Paulo, Publifolha, 2002.

SCHIFFRIN, André. *O negócio dos livros:* como as grandes corporações decidem o que você lê. Rio de Janeiro, Casa da Palavra, 2006.

SCHUMPETER, Joseph A. *Capitalismo, socialismo e democracia.* Rio de Janeiro, Zahar, 1984.

SENNETT, Richard. *A cultura do novo capitalismo.* Rio de Janeiro, Record, 2006.

THIRY-CHERQUES, Hermano Roberto. Cultura e valores nas empresas brasileiras: três estratégias corporativas. *Revista da ESPM.* Mar.-abr. 2010.

VATTIMO, Gianni. *A sociedade transparente.* Lisboa, Edições 70, 1991.

_____. *Ecce comu:* como se llega a ser lo que se era. Buenos Aires, Paidós, 2009.

VOGEL, Harold. *Entertainment industry economics:* guide for financial analysis. Cambridge, Cambridge University Press, 2007.

WILLIAMS, Raymond. *Cultura e materialismo.* São Paulo, Editora Unesp, 2011.

WU, Chin-Tao. *Privatização da cultura:* a intervenção corporativa nas artes desde os anos 80. São Paulo, Boitempo/Sesc São Paulo, 2006.

WU, Tim. *Impérios da comunicação:* do telefone à internet, da AT&T ao Google. Rio de Janeiro, Zahar, 2012.

ZALLO, Ramón. *Estructuras de la comunicación y de la cultura:* políticas para la era digital. Barcelona, Gedisa, 2011.

ŽIŽEK, Slavoj. *A propósito de Lenin:* política y subjectividad en el capitalismo tardío. Buenos Aires, Parusía, 2004.

MEIOS DE COMUNICAÇÃO: UM PODER A SERVIÇO DE INTERESSES PRIVADOS?*

Ignacio Ramonet

Costumamos pensar que os meios de comunicação são essenciais à democracia, mas, atualmente, eles geram problemas ao próprio sistema democrático, pois não funcionam de maneira satisfatória para os cidadãos. Isso porque, por um lado, se põem a serviço dos interesses dos grupos que os controlam e, por outro, as transformações estruturais do jornalismo – tais como a chegada da internet e a aceleração geral da informação – fazem com que os meios sejam cada vez menos fiáveis ou menos úteis à cidadania.

O que constatamos na maioria das democracias é que há um conflito entre a sociedade e os meios de comunicação. Tal conflito não é novo, pelo contrário, vem se agravando há uns dez ou quinze anos. Aprofunda-se na sociedade a crítica contra o modo de atuação da mídia dominante.

Os meios de comunicação, a imprensa escrita, o rádio, a televisão – refiro-me somente à informação, não ao entretenimento –, todos esses segmentos estão vivendo uma grave crise com o advento da internet, com a multiplicação da informação individualizada, com o surgimento das atualizações em tempo real e de jornais on-line totalmente autônomos – como o Huffington Post, dos Estados Unidos –, que são referência internacional e só existem na rede.

Além da perda de credibilidade da imprensa, outro grande problema é a organização de um modelo econômico eficiente. Nenhum dos modelos vigentes traz garantia de rentabilidade – nem para a

---

* Tradução por Karina Patrício e revisão técnica por Dênis de Moraes. (N. E.)

Ignacio Ramonet

imprensa, nem para os meios de comunicação tradicionais, nem para a nova mídia da era digital. A imensa maioria dos meios digitais não é rentável, e o mesmo acontece com a mídia convencional (imprensa, rádio, televisão, informação), cada vez menos lucrativa.

Em primeiro lugar, gostaria de tratar da questão da credibilidade da informação. Ela é a principal ou uma das principais qualidades que a informação deve ter e significa simplesmente ser fiável. É o motivo pelo qual preferimos escutar tal rádio ou ler tal jornal em vez de outro; em geral, pensamos que suas informações são mais confiáveis e mais próximas de nossa concepção da verdade do que as dadas por outros. É uma espécie de contrato de confiança que estabelecemos com os meios de comunicação. Porém, dia após dia, percebemos que esse contrato tem mais dificuldade para ser celebrado. Uma das características apontadas pelas pesquisas de opinião é que os leitores da imprensa escrita por assinatura, fiéis a seus hábitos de leitura tradicionais, diminuem progressivamente.

Ao contrário do que poderia ocorrer há vinte ou trinta anos – quando a aquisição de um jornal na banca era, de certa maneira, uma forma de identificação política, de se divulgar ou de assumir publicamente a linha política ou ideológica de cada um –, esse tipo de relação se rompeu, praticamente deixou de existir. O leitor, hoje, não é capaz de obter uma identificação clara quando adquire este ou aquele jornal, ao qual foi fiel durante muito tempo. Por quê? Não é apenas que o leitor tenha mudado, pois ele também variou em suas certezas, modificou suas próprias convicções, tem mais dúvidas do que certezas em muitos aspectos; mas, sobretudo, porque o meio de comunicação é muito menos identificável política ou ideologicamente. Em seu afã de seduzir o maior número de pessoas possível, os meios de comunicação dispersaram sua identidade política, pois seu objetivo não é mais um grupo definido política ou ideologicamente. Eles pretendem seduzir o conjunto dos cidadãos, desvirtuando ou ampliando sua linha editorial. O que se chama de centro-esquerda ou centro-direita pode ser absolutamente tudo; e, na maioria dos países do mundo, os jornais se situam nesse campo.

Meios de comunicação: um poder a serviço de interesses privados?

A prova é que em muitos países – eu vivo na França e lá isso acontece – os diretores dos meios de comunicação mudam, sem que isso seja perceptível, a linha editorial, seja no rádio, na televisão ou na imprensa escrita. Esse processo é igual a quando se substitui um técnico em uma empresa, pois eles continuam fazendo a mesma coisa; mas para o consumidor do produto, não há diferença alguma no fato de fulano ou sicrano ser o diretor, dado que as características do produto são idênticas. É uma questão importante porque indica que os meios de comunicação vivem essa crise com certa inquietação e, assim, desprendem-se de sua identidade. Alguns não o fazem, é claro; sempre haverá exceção, mas estou me referindo a um movimento geral. Felizmente, há jornais que mantêm uma linha claramente definida, mas para um segmento do público cada vez mais reduzido.

Outra característica é que os meios de comunicação estão sendo atropelados pela aceleração da informação. Evidentemente, sempre existiu a preocupação de se fazer com que a informação chegue ao público o mais rápido possível e essa variável sempre foi fundamental nesse campo. Mas este "sempre" não é tão antigo, pois os jornais, que são o primeiro meio de massa, apesar de terem sido inventados na metade do século XVIII, só se massificaram na segunda metade do século XIX (por volta de 1860 ou 1870). Para que exista comunicação de massa, dois fatores são essenciais. O primeiro é que as massas saibam ler, o que é impossível nos países majoritariamente analfabetos. É por isso que a imprensa se desenvolve nas sociedades alfabetizadas, sendo a primeira delas a estadunidense, na época da Guerra de Secessão, depois a inglesa e a francesa.

O segundo fator para que haja comunicação de massa é a distribuição generalizada dos jornais ao público. A impressão de centenas de milhares de exemplares deve ser feita em muito pouco tempo. A imprensa do final do século XIX alcançava milhões de exemplares, bem mais do que hoje, pois era a única mídia de massa – não existiam rádio, televisão ou internet, é claro. Para imprimir milhões de jornais em tão pouco tempo, eram necessárias máquinas industriais – prin-

Ignacio Ramonet

cipalmente as rotativas, inventadas na Alemanha, como a linotipia que surgiu somente na segunda metade do século XIX, possibilitando acelerar o processo gráfico – e um sistema de distribuição relativamente rápido. Desse modo, a rapidez não é algo novo; porém, a transmissão da informação se acelerou com o advento do telégrafo, e cada progresso em matéria de comunicações – tal como a invenção do telefone e do rádio – permitiu que essa atividade fosse realizada com maior velocidade.

Mas, há alguns anos, essa rapidez atingiu uma espécie de limite intransponível (é como a velocidade da luz, não se pode ir mais rápido do que ela). A ideia de prazo desapareceu na informação contemporânea: não há prazo, a informação é imediata. A velocidade máxima – e, portanto, o limite – é o imediatismo.

O que é um jornalista? É o analista de uma jornada, de um período, como a própria palavra diz. Mas o período não existe mais e, em consequência, não há mais jornalismo, mas sim "imedialistas" que não são capazes de analisar, pois, para isso, é preciso tempo. Se esse tempo desapareceu, não há análise. Então, a informação é arrastada por uma aceleração geral que faz com que a velocidade intrínseca de cada meio de comunicação não seja igual, todos se organizam em função da velocidade dominante – que é a do imediatismo, a da internet, mas também pode ser a do rádio ou a do canal de televisão com informação contínua. O único veículo que não pode transgredir ou suprimir o período é a imprensa escrita – a que mais sofre, entre outras razões, por requerer um processo industrial, com suas máquinas, papeis, caminhões e operários. Assim sendo, a rapidez faz com que seja cada vez mais difícil para o jornalista ter um tempo de análise suficiente.

Acontecimentos relativamente recentes foram bastante demonstrativos do fato em questão. Estouraram as chamadas "revoluções árabes" e, quando estávamos começando a tentar entender o porquê das revoltas das sociedades árabes na Tunísia, no Egito, no Iêmen, no Bahrein e no Marrocos, ocorreu o terremoto no Japão e, depois, uma catástrofe nuclear (ou, pelo menos, um risco nuclear). E, quan-

Meios de comunicação: um poder a serviço de interesses privados?

do todo mundo estava tentando entender o que significa um risco nuclear, aconteceu a intervenção na Líbia... O que significa essa intervenção? Como podemos ver, as informações se sobrepõem de tal maneira que é cada vez mais difícil ter uma visão relativamente complexa e completa dos fenômenos ao mesmo tempo. O que fazemos é cavalgar sobre a atualidade sem a possibilidade de domesticá-la, de ter mestria nessa realidade. Em todo o mundo, seguimos os meios de comunicação. Portanto, a primeira consequência desse imediatismo é o fato de as informações se sucederem a toda velocidade e de algumas serem esquecidas. Quando nos perguntamos no que deu tal coisa, surge logo uma nova informação. Onde está a usina número quatro ou a número três, que ia explodir? Não sei por que agora estão bombardeando Trípoli ou Bengasi. E dentro de algumas semanas não saberemos o que está ocorrendo... e assim por diante. Ou seja, não há continuidade.

Mas, além disso, essa aceleração cria muita confusão e muitos erros, pois os meios de comunicação dominantes consideram indispensável agir como uma agência de notícias. É comum, e isso não é novo, julgar importante ter um correspondente no lugar dos acontecimentos, numa espécie de garantia quase supersticiosa de que, se ele estiver lá, saberá mais do que nós por definição. Parece óbvio. Somos uma redação, vamos mandar alguém para cobrir... o terremoto no Japão! Imediatamente, mandamos alguém para lá e pensamos que nosso amigo, tão inteligente, tão boa pessoa, que fez tantas coisas importantes, vai chegar ao Japão e solucionar o problema, dando-nos a informação completa. E o que é que constatamos? Que, na verdade, ele repete o que todo mundo diz: que acaba de chegar ao Japão, que é o primeiro, que deve ter uns 5 mil correspondentes no país, que muito poucos falam japonês e, portanto, todos veem a NHK em inglês, que eu vejo na minha casa também. É evidente que haverá pouca informação, pois o governo e os próprios jornais japoneses não estão divulgando muita coisa.

Por exemplo, na França há um jornal chamado *Courrier Internacional*, que divulga traduções de artigos da imprensa local. Se vocês

Ignacio Ramonet

lerem os artigos da imprensa japonesa em versão inglesa ou em alguma língua que possamos conhecer com mais facilidade do que o japonês, verão que ela passa o dia dizendo que o governo e as autoridades não informam sobre o que está acontecendo. Como não há ninguém em um raio de trinta quilômetros, exceto os liquidantes, que estão arriscando sua vida lá, ninguém tem informação.

A questão é: estar presente serve para saber? É garantia de que se vai saber? É o mesmo que saber? Esta é a equação que devemos propor: estar presente é saber? Qualquer pessoa com um pouco de experiência na matéria sabe que isso é falso. Eu posso dizer para a minha redação em Paris que estou em Barcelona, mas ao mesmo tempo não fazer a mínima ideia do que está acontecendo na cidade. O que é estar? Onde eu estou, por exemplo? Estou nesta sala, estou em Barcelona, estou na Catalunha, estou na Espanha, estou na Europa, certo? Mas, se ocorrer alguma coisa em algum lugar da Europa e me ligarem do Brasil perguntando o que aconteceu, mesmo que eu esteja na Europa, não saberei. Vocês viram como os correspondentes que estavam na região do terremoto tomaram a prudente decisão de ir para Tóquio? Agora, a maioria está em Osaka, uns em Seul e outros já voltaram. E continuam a dizer a mesma coisa, de qualquer maneira.

O entendimento de que "estar presente é saber" não funciona mais. Ryszard Kapuściński, grande jornalista polonês e grande repórter que eu conheci muito bem, explicava em conferências que a aceleração da informação perturbou a possibilidade de se informar. Ele contava que, no período de descolonização da África, a princípios dos anos 1960, os jornalistas não tinham que viajar duas, quatro nem cinco horas, mas uma semana para chegar ao destino. Eles passavam essa semana estudando – os que trabalhavam, claro, pois a preguiça é uma dimensão muito arraigada na profissão; mas os que trabalhavam podiam se informar um pouco sobre o que estava ocorrendo em Gana ou no Congo. Quando chegavam, não era fácil se comunicar com a sede, de modo que eles passavam vários dias pesquisando, aprendendo. A redação não fazia ideia do que estava acontecendo,

Meios de comunicação: um poder a serviço de interesses privados?

ou seja, tudo o que o correspondente transmitia era novo e ninguém o corrigia, pois ele estava no local e aquela era sua percepção. Já nos dias de hoje, segundo Kapuściński, quando o correspondente que está em Bengasi ou em Trípoli envia informação, a redação já viu todos os canais de televisão, está acompanhando os acontecimentos pela internet e sabe coisas que o correspondente não sabe. Portanto, o redator pode corrigir o que o correspondente lhe mandar.

Isso ocorreu na cidade de Timisoara, na Romênia, em 1989. Foi então que percebemos que alguma coisa não estava funcionando mais. Quando foi descoberta uma série de corpos num cemitério, pensou-se que eles pertenciam a pessoas assassinadas pelo regime de Nicolae Ceausescu, responsável por uma repressão muito violenta em Timisoara. Os corpos foram localizados numa fossa comum e expostos, nus, ao frio de uma noite de dezembro. Naquele momento, começaram a dizer que "lá estava a prova do crime de Ceausescu". Não havia dúvidas de que Ceausescu tinha cometido crimes, mas o problema é que todas as televisões começaram a repetir que aquelas mortes eram prova disso e a divulgar imagens. O correspondente de um grande jornal francês alertou sua redação: "Atenção, isso não é claro, esses cadáveres não são das vítimas da repressão, é preciso investigar a quem pertencem". O redator-chefe tomou a liberdade de pegar a nota enviada pelo correspondente, reescrevê-la e colocar "A prova do crime dos Ceausescu" na capa do jornal. Depois foi demonstrado, como vocês sabem, que esses corpos não tinham nada a ver com questões políticas, eram vítimas de acidentes. Uma das pessoas tinha os pés amarrados com arame porque fora encontrada no esgoto e, para resgatá-la, os bombeiros tiveram que amarrá-la pelos pés. Eram de identidade desconhecida e estavam irreconhecíveis, mas a causa de sua morte não tinha nada a ver com a repressão. Os corpos das vítimas da repressão tinham sido levados para outro lugar e, em sua maioria, jogados no rio.

O que quero dizer com isso é que hoje o correspondente está sob vigilância de sua própria redação, que, de maneira geral, tem mais informações do que ele próprio. O princípio do correspondente se

Ignacio Ramonet

mantém, como já foi falado, em função de uma ideia supersticiosa ou meio mágica que faz com que o cidadão comum acredite que "eles sabem porque estão lá"; mas, na verdade, o que eles sabem é muito pouco diante do esforço que significou chegar até o local.

Tudo isso que eu citei – a aceleração, a translação etc. – tem causado uma multiplicação dos erros ultimamente. A acumulação de informações falsas, imprecisas ou manipuladas despertou a desconfiança do público, gerando o que eu chamo de "insegurança informativa". Isso significa que, quando recebemos uma informação, não sabemos se ela será desmentida dentro de uns dias, pois o excesso informativo produz pouca confiabilidade. Para a maioria das pessoas, uma informação é verdadeira quando todos os meios de comunicação afirmam que ela o é; se a rádio, o jornal, a televisão e a internet divulgam a mesma coisa, nós a aceitamos porque, intuitivamente, a repetição serve como prova de veracidade. Mas a repetição não é uma demonstração, ela é uma repetição; e houve muitos casos em que uma informação foi repetida várias vezes sendo que, na verdade, era falsa. Consequentemente, a repetição não faz a informação, mas o conceito que há por trás dela, que é uma das ideias básicas da propaganda, consegue convencer. E hoje a informação, não de maneira voluntária, mas inconsciente, trabalha bastante sobre esse registro.

Há ainda outro fenômeno que faz confundir informação e comunicação. Como se apresenta esta comunicação? É um discurso que tem como objetivo elogiar a instituição que o emite. O diretor de comunicação de uma instituição, seja ela política, cultural ou empresarial – o da Coca-Cola, por exemplo –, faz comunicação. Isso quer dizer que cada discurso emitido pela direção de comunicação da Coca-Cola será para reiterar que ela – ou qualquer outra marca – é excelente, serão sempre elogios. Já a informação não tem como objetivo elogiar a instituição que a emite, mas, pelo contrário, funcionar como um contrapeso ao discurso institucional dominante. A informação é um fato que ocorreu. Porém, hoje em dia, há uma confusão cada vez maior entre comunicação e informação. Por quê? Porque

Meios de comunicação: um poder a serviço de interesses privados?

muitas informações que lemos, escutamos no rádio ou chegam até nós por outros canais foram emitidas por instituições. Nós nos acostumamos à apresentação de declarações de porta-vozes de instituições como se tivessem cunho informativo quando, na verdade, são de cunho totalmente comunicativo, e deveríamos procurar um contrapeso para isso.

Outra dificuldade enfrentada pelos cidadãos com respeito à credibilidade dos meios de comunicação é que eles são cada vez menos independentes. Independentes de quê? Por definição, independentes do poder político, mas, sobretudo, do poder econômico. Nestes últimos anos, os meios de comunicação entraram em crise e tiveram problemas em termos de benefícios e rentabilidade. Então foram se vendendo, foram se integrando a grupos maiores e, por meio de fusões, adquiriram a configuração atual. Apareceram grupos midiáticos gigantes, como a News Corporation, o maior conglomerado midiático do mundo, pertencente a Rupert Murdoch. O grupo possui todo tipo de empresas de imprensa escrita (diária ou semanal), rádio, televisão, edição, internet e, agora, até um jornal digital para iPad.

Também há grupos de escala nacional. Num país como a França, livre, com uma mídia vultosa, todos os jornais editados nas províncias pertencem a cinco grupos, isto é, a cinco proprietários. Quanto à imprensa nacional, que é como se referem na França à imprensa de Paris, os jornais pertencem a três grupos. Ou seja, não há uma grande variedade de informação, os cidadãos têm uma oferta muito limitada. Há monopólios e, portanto, não existe a variedade que a banca de jornal ilusoriamente nos dá. Quando vamos a uma banca, vemos uma infinidade de publicações, porém a maioria delas pertence a três ou quatro grupos midiáticos que, evidentemente, têm seus interesses.

Em virtude da concentração excessiva dos meios de comunicação, a imprensa escrita está passando para as mãos de indivíduos que poderíamos chamar de oligarcas. Eles são donos de uma grande fortuna e, como os preços dos jornais impressos afundaram em razão da crise, podem comprar e dispor de publicações. Mas eles não fazem isso para ganhar dinheiro, pois, atualmente, ninguém ganha dinheiro (ou ganha muito pouco) com a imprensa escrita; esta é, antes, uma atividade onde se perde dinheiro. Então, para que as compram? Para ganhar influência, para ter um projeto ideológico, um projeto político, um projeto dominante. Uma das revistas semanais mais importantes do mundo, a *Newsweek* – que, junto com a *Time*, é a de maior divulgação no mundo – foi vendida por um dólar. Nós poderíamos tê-la comprado. Hoje em dia, é possível comprar títulos muito prestigiosos da imprensa internacional por pouco dinheiro. Claro, há também outras obrigações. Quem comprou a *Newsweek* se comprometeu a pagar as dívidas, que eram de vários milhões de dólares. Mas, de qualquer maneira, a imprensa pode ser vendida.

Os grupos ou oligarcas da imprensa trazem consigo uma controvérsia: eles defendem os interesses dos cidadãos ou dos grupos proprietários? Essa é uma pergunta legítima. Quando o *The New York Times*, um dos jornais mais prestigiosos do mundo, entrou na Bolsa de Valores, o ex-diretor do jornal contou, em declarações públicas, que a partir daquele momento as informações sobre a vida econômica e bursátil teriam de passar por uma espécie de censura, pois não se podia publicar nada que pudesse prejudicar as ações da empresa. Na Espanha, o *El País* também está cotado em Bolsa (nas de Madri e Nova York), sendo um jornal de grande influência naquele país. Assim, a questão é se a variação da cotação na Bolsa é um elemento de preocupação da redação. Não tenho uma resposta para isso, mas a dúvida é válida, pois muitos jornais, bem como a maioria dos meios de comunicação, atualmente pertencem a grupos que têm uma atividade econômica relevante.

A questão vai além da simples variação das ações. Considerando que o contexto econômico em que vivemos é dominado pelo neoliberalismo, devemos nos perguntar: qual é o comportamento dos meios de comunicação e conglomerados midiáticos no sistema neoliberal? Podemos identificar esse comportamento? O que é o neoliberalismo? É, de maneira geral, a ideia de que o mercado é mais

Meios de comunicação: um poder a serviço de interesses privados?

importante do que o Estado e deve ter um espaço cada vez maior em detrimento deste. E quais são os atores do mercado? São as empresas ou os grupos financeiros. Então, os conglomerados midiáticos são grandes atores do mercado e, ao mesmo tempo, sua missão é difundir ideologias disfarçadas de informação – "ideologia" talvez seja uma palavra politizada, digamos que promovem uma visão de mundo, uma maquete do mundo, um mundo ideal. De maneira geral, é isso o que os meios de comunicação fazem.

Vocês acham que os meios de comunicação dominantes, que pertencem a grupos de alta relevância no mercado, serão críticos com a globalização e o neoliberalismo, sendo que eles são atores centrais nessas duas dinâmicas? É evidente que a possibilidade disso acontecer é pequena. Portanto, hoje em dia os grupos midiáticos estão se comportando, segundo o conceito de Louis Althusser, como ferramenta ideológica da globalização. Em termos gerais, o que eles dizem sobre esse assunto? Que isso é muito bom para nós. Você perdeu seu trabalho, não dispõe mais de serviços públicos, cortaram sua pensão, complicam sua aposentadoria e fazem você trabalhar mais... mas isso é muito bom! É excelente! Todos os meios de comunicação nos repetem isso constantemente. Em outras épocas, quem dava a visão de mundo, quem tinha a responsabilidade e a missão de inculcá-la na sociedade era a Igreja. A Igreja difundia uma concepção de mundo; do mundo e do além. Por exemplo, na colonização da América, os conquistadores eram acompanhados por evangelizadores na destruição de sociedades que tinham sua idiossincrasia, sua religião, sua cultura, suas línguas, sua própria cosmogonia. O conquistador brutal destruía todos esses elementos da sociedade e o evangelizador dizia: "mas que sorte maravilhosa!". Destruíram sua família, destruíram seu povo, destruíram suas crenças, destruíram sua língua, destruíram sua cultura, mas agora você tem a verdadeira religião! Alegre-se! Hoje, a imprensa e os meios de comunicação têm a missão de ser a ferramenta ideológica da globalização.

Quando afirmamos que as sociedades atuais vivem uma dinâmica globalizante ou neoliberal, na verdade, o que elas vivem ou pare-

Ignacio Ramonet

cem viver é uma dinâmica dupla. Não há um único poder: ele não é apenas financeiro, mas sim econômico-financeiro e midiático. Se esses poderes não existissem juntos, não funcionariam, pois não basta vencer, é preciso convencer. A vitória neoliberal não seria completa se o vencido não estivesse convicto, não estivesse feliz de ter sido vencido. Ele não deve nem mesmo perceber que foi vencido, deve pensar que está participando da vitória de seu adversário, não percebendo a si mesmo como vítima. No geral, a missão dos meios de comunicação é a de domesticar as sociedades – ou, em outras palavras, a de "levá-las pelo bom caminho" –, mas os cidadãos estão percebendo que as benesses do poder midiático não passam de dissimulação e, assim, aceitando-o cada vez menos.

É óbvio que uma democracia moderna não pode funcionar sem os meios de comunicação; é isso que chamamos de quarto poder. Por que "quarto poder"? Porque, na definição tradicional da democracia, só há três poderes. A origem dessa divisão remonta ao século XVIII, quando Montesquieu escreveu o livro *O espírito das leis*, sustentando que, para sair do absolutismo real, a sociedade deveria se formar com base em três poderes, cada um com uma função específica: o Poder Legislativo, que faz as leis, constituído pela Assembleia, os representantes do povo; o Poder Executivo, que realiza e executa as leis votadas, o poder político; e o Poder Judicial, que deve ser independente do poder político, pois a justiça se faz em nome da lei, não do rei, do presidente ou de quem quer que seja.

Esses três poderes são suficientes para fazer a democracia funcionar, porém, com o tempo, percebemos que, mesmo sendo democráticos, eles podiam cometer muitos abusos. O Poder Legislativo, por exemplo, podia estabelecer leis criticáveis ou criminosas. A primeira democracia moderna, como vocês sabem, é a dos Estados Unidos, cuja constituição data de 1776, e a segunda, a da Revolução Francesa, de 1789. Esses dois governos, modernos e democráticos, tinham leis que consideravam lícita a escravidão. A Revolução Francesa declara o fim da escravatura, mas volta a adotá-la dentro de pouco tempo, abolindo-a novamente depois. Todos os chamados

Meios de comunicação: um poder a serviço de interesses privados?

"pais da Revolução" nos Estados Unidos eram proprietários de escravos. Não havia contradição... Podia-se ser democrata e, ao mesmo tempo, proprietário de seres humanos, comprando-os e vendendo-os como objetos... Quero dizer que é possível ser uma democracia revolucionária (no sentido de romper com o sistema político anterior) e, no entanto, ter uma prática inaceitável. A Justiça pode condenar inocentes, há milhares de casos, vários deles políticos. Na França, poderíamos citar o caso de Dreyfuss, um oficial condenado oficialmente por traição, mas o motivo real foi ser judeu, entre muitos outros exemplos.

Quando, na metade do século XIX, aparece a imprensa de massa, surge um novo ator: a opinião pública, tal como a chamamos hoje. A imprensa faz, constrói, cria opinião pública. Como diz Pierre Bourdieu, "a opinião pública não existe, ela é o reflexo dos meios de comunicação"; se não existisse comunicação de massa, não haveria opinião pública, e sim pressupostos ou crenças. A opinião pública pressiona os poderes legítimos e, além disso, transmite a eles seu descontentamento ou sua desaprovação em relação a tal ou qual medida, sendo um agente indispensável para o bom funcionamento da democracia atual. Sem liberdade de expressão (e de impressão) não há nem pode haver democracia, pois, do contrário, quem construiria a opinião pública? Só os dirigentes políticos? Só o discurso da propaganda? Evidentemente, isso não é aceitável. É por esse motivo que falamos em quarto poder, ele é uma espécie de contrapoder, um contrapeso aos poderes legítimos na democracia.

Mas, o que acontece hoje, quando vemos que os poderes midiáticos foram confiscados pelo poder econômico e financeiro e quando vemos que o quarto poder não é mais um contrapoder, mas um poder complementar para oprimir ou manter a sociedade no estado atual de coisas? Comecei esta exposição dizendo que os meios de comunicação são um problema para a democracia. Houve uma época em que eles foram uma solução: quando a democracia funcionava só com três poderes – é indiscutível que o surgimento do quarto poder permitiu melhorá-la. Porém, o quarto poder não está cumprin-

Ignacio Ramonet

do sua missão de contrapoder e, além disso, é o único que, no seio da democracia, não admite nenhum tipo de crítica, não admite nenhum tipo de contrapoder. Os poderes estabelecidos numa democracia – como, por exemplo, o partido ou a coligação dominante numa sociedade – têm de suportar uma oposição, que é um contrapoder. Não se pode construir uma democracia com a tirania da maioria sobre a minoria, a democracia só funciona se as minorias tiverem direitos e não forem subjugadas pelas maiorias. A democracia não é a ditadura da maioria, ou não é assim que ela deveria ser; é necessário aceitar as minorias. O poder econômico deve suportar o poder sindical, que o contradiz e critica. Mas quem critica o poder midiático? Em nossas sociedades, ele é o único sem um contrapoder. Portanto, não é democrático. Não estamos questionando a liberdade de expressão, estamos dizendo que os meios de comunicação, em nome dessa liberdade, não aceitam nenhum tipo de crítica. Mas a questão é: não a aceitam em nome da liberdade de expressão ou da liberdade de empresa? O que é que eles defendem? No geral, a liberdade de empresa. Se você criticar a instituição midiática, será imediatamente excluído do jogo democrático.

Como vocês veem, a questão dos meios de comunicação propõe muitos debates à sociedade, sobretudo porque os cidadãos estão percebendo que seu funcionamento não é bem como eles gostariam, que nem sempre a mídia é útil para eles como o almejado. É claro que ninguém pode pregar o fim dos meios de comunicação, mas sim mudanças no seu funcionamento. Nesse sentido, a internet teve uma grande influência; é por isso que o ecossistema midiático hoje está explodindo.

A internet nos permite voltar a sonhar com a democratização da informação. Pensamos que a informação também deve ser democratizada e, em certa medida, a internet proporciona isso, uma vez que ter um veículo/meio de expressão próprio na rede é relativamente barato e fácil do ponto de vista tecnológico. Atualmente, cada indivíduo, instituição ou associação pode ter seu próprio veículo/meio de informação, bem como criar um blog, comentar e criticar infor-

Meios de comunicação: um poder a serviço de interesses privados?

mações, principalmente as publicadas na internet. Existe a possibilidade de se competir e, de fato, essa é a razão da grande crise midiática atual: o surgimento de um personagem novo que entra em concorrência com os meios de comunicação.

O personagem é o cidadão, um "cidadão informante", que tem duas características principais: por um lado, ele é um amador, não um profissional da informação; em nossa sociedade, a internet está permitindo o auge da massificação de um novo tipo de amador especialista. Por outro lado, esse amador pode ser muito profissional em sua área, pois numa sociedade desenvolvida e educada como a nossa – que não é universal, ninguém deve se esquecer de que a internet é massiva, é importante, mas dois terços da humanidade nunca a utilizaram –, o número de pessoas formadas com um saber amplo e profundo sobre uma área do conhecimento é grande. Em nossa sociedade, há muita gente que sabe muito de alguma coisa e, às vezes, muitíssimo mais do que a maioria dos jornalistas. Por quê? Porque essa é sua especialidade, são doutores nisso, professores de universidades, fizeram teses. Eles não são jornalistas, mas sabem escrever, sabem pensar, conhecem o assunto – e, graças à internet, têm a possibilidade de criar uma informação que chega ao mundo inteiro.

Vejam a questão nuclear, por exemplo. Quem sabe alguma coisa sobre isso? Muito pouca gente ou, em todo caso, poucos jornalistas. Os especialistas, sejam eles críticos ou não, têm estado na primeira linha desde o aparecimento da chamada blogosfera. Nela, há blogueiros que sabem bem mais sobre as diferentes áreas do conhecimento do que a maioria dos jornalistas – digo maioria porque também há jornalistas especializados que conhecem muito bem a matéria com a qual trabalham.

Como consequência desse fenômeno e, principalmente, devido à existência dos sites de busca (que possibilitam localizar a informação), surgiu uma espécie de concorrência entre os amadores especialistas e os jornalistas profissionais. É por isso que, hoje em dia, a maioria dos sites de informação mistura três elementos. Quais são eles? Em

Ignacio Ramonet

primeiro lugar, a informação original, dada pelos jornalistas ou pela redação do site. Essa é uma pequena parte do total. Em segundo lugar, as informações elaboradas por outros meios de comunicação, apresentadas como uma seleção dos melhores artigos da web. Por último, os blogs de dezenas ou centenas de pessoas, personalidades, especialistas etc., com opiniões sobre os mais variados assuntos. Essa é a estrutura do *Huffington Post*, considerado o modelo de jornal digital, que acaba de ser comprado pelo grupo AOL. Desse modo, estamos vendo um crescimento massivo da cidadania, que tem acesso não só à função de consumidora, mas também de produtora da informação – em geral de opinião, que é o mais barato e mais fácil, mas também de informações especializadas.

É evidente que tudo isso complica ainda mais a situação do jornalismo. Quero encerrar esta exposição falando sobre a crise de identidade da profissão. Se todo mundo é jornalista, o que é um jornalista? E se todo mundo faz jornalismo, o que é jornalismo? Qual é a especificidade do jornalismo ou do jornalista hoje? Todos os meios de comunicação pedem a seus consumidores (sejam leitores, ouvintes ou telespectadores) que lhes enviem informações. "Você está aí?" – perguntam vários jornais. "Mande-nos sua foto, sua opinião etc.". Canais de televisão com informação contínua agora fazem programas de meia hora com os vídeos enviados pelos telespectadores que presenciaram algum acontecimento. Com isso, é possível produzir informação exatamente da mesma forma que um correspondente. Nos primeiros dias após o terremoto do Japão, o segundo maior canal francês, o France 2, fez a cobertura exclusivamente com franceses que se encontravam lá – não no lugar do terremoto, no Japão em geral. Eles se comunicavam pela internet, com a própria câmera do computador, contando "aqui a rádio diz que..." ou "a televisão diz que...", enfim, coisas semelhantes às que os correspondentes relatam. Há, pois, um problema de identidade.

Qual é a especificidade do jornalista? É garantir a veracidade da informação, verificar a informação a ser divulgada; saber, por exemplo, que não se deve recorrer a só uma fonte, pois isso pode induzir

Meios de comunicação: um poder a serviço de interesses privados?

ao erro. O jornalista tem a missão de encontrar várias fontes que digam a mesma coisa para garantir a veracidade da informação. Porém, diante da rapidez e da concorrência entre os diversos meios de comunicação, ele não pode perder tempo com isso! Do contrário, o outro canal já terá dado a notícia e ele terá perdido o furo de reportagem, a exclusividade. Neste contexto, o jornalista atrofia suas qualidades e especificidades, e quem não é jornalista encontra estímulo para divulgar informação, seja ela qual for. O interesse é o dos empresários, dos proprietários da imprensa. Para eles, o ideal seria fazer jornalismo sem jornalistas, sem salários e sem ninguém que seja capaz de problematizar o tipo de informação que é divulgada.

Por todo o exposto, há gêneros jornalísticos que estão em vias de desaparecimento, como é o caso da reportagem. Não me refiro ao correspondente que eu mando hoje para um lugar e amanhã para outro, isso me serve como álibi porque "tenho alguém lá"; mas, na verdade, a informação que dou é a que recebo na redação, proveniente de todos os tipos de fontes. Refiro-me ao jornalista que faz uma reportagem de fundo, mas isso custa caro demais. O que está desaparecendo é principalmente o jornalismo de investigação. É cada vez mais difícil ter uma equipe de jornalistas trabalhando durante meses sobre um assunto, procurando revelar coisas que não sabemos. É cada vez mais difícil financiar essa atividade porque é preciso ter vários jornalistas trabalhando, sem saber exatamente se essa revelação será encontrada ou não. Era possível fazer isso no auge da imprensa escrita e da informação em geral; hoje, em períodos de crise, é muito difícil.

Se o jornalismo informativo não estivesse em crise, em vias de desaparecimento, o WikiLeaks não existiria. Ele só surgiu porque os jornais não fazem seu trabalho; por isso, o WikiLeaks não se define como jornalismo. Julian Assange diz que os jornalistas foram corresponsáveis pela guerra do Iraque, tendo perdido sua dignidade por inteiro quando se deixaram embarcar nos tanques de imprensa estadunidenses – poderíamos falar a mesma coisa de outros países –, quando se deixaram embarcar nas tropas, quando permaneceram

Ignacio Ramonet

junto das unidades de combate da coligação que invadiu o Iraque. Ele pensa que esse foi o desastre do jornalismo contemporâneo. Depois foram criadas caixas postais para depósito anônimo de informações; nenhum jornalista as pediria porque não há investigação.

A situação é tal que nos Estados Unidos apareceu o chamado "jornalismo sem fins lucrativos". O objetivo não é ganhar dinheiro, mas replicar algo de que estamos convictos: que o bom jornalismo é indispensável para o bom funcionamento da democracia e que, sem o jornalismo de investigação, a democracia não funciona tão bem. Sem ele, há segredos demais, há coisas demasiadamente desconhecidas, incentivando quem se beneficia de operações ocultas a mantê-las. Essa situação corrompe a democracia, e é necessário que alguém revele as informações. Por esta razão, há jornais digitais nos Estados Unidos financiados por mecenas ou por fundações sem fins lucrativos que dão dinheiro, milhões de dólares, para que exista uma imprensa feita por jornalistas veteranos que ganham um salário mínimo, mas que estão dispostos a empreender a tarefa. O intuito dessas iniciativas é realizar investigações indispensáveis para a informação, que a grande imprensa já não faz, pois se contenta vivendo do espetáculo.

DEMOCRACIA E LIBERDADE DE IMPRENSA*

Pascual Serrano

É frequente a utilização do termo liberdade de imprensa relacionado ao termo liberdade de expressão. Eu prefiro o último ou, melhor ainda, "direito de informar e de ser informado". Em princípio, a liberdade de imprensa deveria consistir em garantias para que os cidadãos se organizassem com o intuito de criar meios de comunicação cujos conteúdos não fossem controlados nem censurados pelos poderes do Estado. O problema é que, num sistema de economia de mercado como o atual, em que os meios de comunicação requerem grandes investimentos e um alto grau de industrialização, esse direito só pode ser desfrutado por um determinado setor social. Hoje em dia não existe, em nenhum país industrializado, nem mesmo um meio de comunicação minimamente forte e influente que tenha nascido como resultado da organização de um grupo de cidadãos a fim de se expressarem publicamente. Portanto, confundir liberdade de imprensa com liberdade de expressão é como igualar o direito à saúde ao direito de se criar um hospital e colocá-lo em funcionamento. Não sou contra essa faculdade, da mesma forma que não sou contra a possibilidade de um empresário fundar um jornal, mas isso é muito diferente da liberdade de expressão. A li-

---

* Este texto baseia-se em minha intervenção na mesa-redonda "Democracia e liberdade de imprensa" durante o seminário "Democratização da mídia", organizado pela Associação de Juízes do Rio Grande do Sul (Ajuris), a Altercom e o Intervozes, em Porto Alegre, Brasil, 3 nov. 2011. Parte das informações e argumentações aqui apresentadas foi desenvolvida nos meus livros *El periodismo es noticia* (Barcelona, Icaria, 2010) e *Desinformación: cómo los medios ocultan el mundo* (Madri, Península, 2009). Tradução por Karina Patrício e revisão técnica por Dênis de Moraes. (N. E.)

Pascual Serrano

berdade de imprensa é, na verdade, o direito do empresariado de operar num determinado setor, digamos assim. Não é nenhum direito da cidadania no geral.

Quarto poder

No período da Revolução Francesa, o termo "quarto poder" foi cunhado para se referir aos meios de comunicação. Essa denominação sugeria que a mídia passaria a ser o poder cidadão que vigiaria os outros três: Executivo, Legislativo e Judiciário. Com o passar dos anos e o desenvolvimento da economia de mercado, comprovamos que os três poderes estão sendo gravemente ameaçados pelo poder econômico que, com sua ambição desmedida e sua capacidade de corrupção, transformou-se num ator fundamental de nossos sistemas políticos. Apesar dessa perigosa influência, os poderes tradicionais mantêm mecanismos de democracia e controle público de maior ou menor efetividade. No entanto, foi o quarto poder, o da mídia, que se viu totalmente permeado e submetido ao poder econômico. Os processos políticos neoliberais nas décadas de 1980 e 1990 arrasaram os sistemas públicos de informação, com o apoio da direita e a indiferença da esquerda, a qual, com razão, associava-os aos ditadores anteriores. Soma-se a isso o papel cada vez mais sofisticado e potente que os meios de comunicação adquiriram nas sociedades democráticas, onde a formação da opinião pública é um elemento essencial para o exercício do poder. Como resultado, temos um quarto poder com as características a seguir.

É um mero apêndice dos grupos empresariais, mas não hesitaríamos em considerá-lo mais poderoso do que os outros três. Basta observar a agressividade de sua reação contra as políticas progressistas na América Latina. Hoje, a oposição a esses governos não é a dos partidos políticos de ideologia contrária, a par de sua militância cidadã, mas os grandes meios de comunicação, que se tornaram atores políticos fundamentais.

Democracia e liberdade de imprensa

Diferentemente dos outros três poderes, o poder midiático não tem nenhuma legitimidade democrática. Ninguém vota nele, ninguém o elege. No Brasil, ele chegou a ser denominado "coronelismo informativo". Acho que o termo, levando-se em conta o que os coronéis significam na América Latina, é suficientemente eloquente.

Sob o manto da liberdade de imprensa, o poder midiático conseguiu um nível de impunidade impressionante. A mídia hoje mente constantemente, manipula, insulta e destrói o prestígio e a trajetória de quem cruzar seu caminho. Sua intolerância a qualquer poder legítimo e democrático que ousar tocar seus privilégios é absoluta. Ela investiu duramente contra os governos progressistas latino-americanos que fundaram televisões públicas, concederam canais de TV e emissoras de rádio para os movimentos sociais, aprovaram leis que obrigam a garantir a veracidade dos conteúdos. Em 31 de outubro de 2011, o jornal espanhol *El País* trouxe o título "Juízes ameaçam liberdade de imprensa na América Latina"[1], como se os juízes latino-americanos tivessem feito um acordo para atentar contra a liberdade de imprensa. Simplesmente aplicavam legislações aprovadas de maneira democrática e legítima por governos e parlamentos – e, com base nessas leis, alguns meios de comunicação estavam sendo condenados por mentiras, calúnias ou apologia ao crime.

Por ser composto por empresas, o poder midiático não é submetido a controles econômicos como os demais. Um deputado, um servidor público, um ministro ou um juiz acabariam na prisão se recebessem dinheiro de um setor ou de uma pessoa em litígio. Todos os dias, a mídia recebe dinheiro (seja com publicidade ou por outra via) de setores interessados ou com vocação de influência social.

Ao contrário também dos outros poderes, a mídia não tem um contrapoder. O governo tem a oposição, os empresários têm os sindicatos, as empresas têm as associações de usuários. Não há contrapoder

---

[1] "Juízes ameaçam liberdade de imprensa na América Latina", *El País*. Disponível em: <http://internacional.elpais.com/internacional/2011/10/30/actualidad/13200026 60_066961.html>.

para o poder midiático. Houve tentativas de criá-lo com os chamados observatórios de comunicação, mas eles não se consolidaram.

Lembremos que os donos dos meios de comunicação não são nem mesmo empresários do ramo, mas empórios empresariais com ações e interesses em todos os setores, desde multinacionais das telecomunicações que controlam os canais de divulgação da informação até grupos bancários imprescindíveis para o seu financiamento. E sua viabilidade depende dos grandes anunciantes, como as empresas de hidrocarbonetos, automobilística, magazines. Estes meios não são quarto poder nenhum: são o poder do dinheiro. Há ainda outro elemento. Nas economias de mercado, as empresas privadas são obrigadas por lei a maximizar os lucros de seus acionistas. Assim, pagar mais do que o imprescindível aos funcionários, preservar o meio ambiente, trabalhar pelo fim de conflitos bélicos ou defender os direitos humanos de uma minoria seriam medidas que certamente reduziriam os lucros da corporação empresarial e a deixariam vulnerável a denúncias de acionistas e a punições penais[2]. É a partir dessa regra que podemos começar a entender para onde os meios de comunicação, que são propriedade de grandes empresas privadas, estão nos levando, bem como sua incompatibilidade com os valores da democracia.

Consequentemente, esses grupos de comunicação que tanto reivindicam a liberdade de imprensa e se apresentam como os defensores e baluartes da democracia não estão preocupados nem com a verdade, nem com a democracia, da mesma maneira que um fabricante de lava-roupas não está. Eles ficarão do lado dos bancos que despejam quem não paga a hipoteca; das empresas que fazem demissões para melhorar seus lucros; das corporações que destroem o planeta, desde que continuem contratando publicidade. Assim como defenderão os hospitais e as universidades privadas, que com certeza colocarão mais anúncios do que os serviços públicos. Um jorna-

---

[2]   Esta tese é extensamente apresentada no livro de David Edwards e David Cromwell, *Los guardianes del poder. El mito de la prensa progresista* (Tafalla, Txalaparta, 2011).

Democracia e liberdade de imprensa

lista estadunidense comentou que, em seu país, era permitido escrever contra o presidente democrata ou republicano; o que nunca poderia ser publicado é a notícia da descoberta de uma mosca numa garrafa de Coca-Cola.

É claro que esses meios de comunicação apoiarão todos os políticos que propuserem mais poder para o mercado e menos para os cidadãos. Os jornais, os canais de televisão e as rádios, com seus colunistas, seus editoriais, suas reportagens por encomenda e suas informações manipuladas, lançar-se-ão como hienas contra qualquer um que ousar atentar contra os privilégios do mercado, pois foram criados para defendê-lo. E o mais grave: chamarão isso de liberdade de imprensa.

Vou contar um exemplo da Espanha que ilustra o poder dos meios de comunicação e de suas empresas. Trata-se da propaganda de prostituição na imprensa escrita. Podemos ler denúncias sobre as tristes condições das trabalhadoras do sexo e a exploração à qual são submetidas milhares de mulheres procedentes de países empobrecidos em qualquer jornal, mas são poucos os que abrem mão desses anúncios, que lhes rendem vultosos lucros. Segundo uma comissão parlamentar que abordou o assunto em 2007 e elaborou um relatório sobre a situação da prostituição[3], em um dia útil os jornais espanhóis recebiam entre cem e setecentos anúncios dessa natureza. Assim, veículos como o *El País* e o *El Mundo* faturavam em torno de € 6 milhões por ano com esse tipo de publicidade. Outros, como o Grupo Vocento, chegavam a ganhar até € 10 milhões. O governo espanhol desenvolveu o Plano Integral contra o Tráfico de Seres Humanos para Fins de Exploração Sexual, que entrou em vigor em 1º de janeiro de 2009 e definia as prostitutas como "vítimas". Na Europa, a prostituição está intimamente ligada à semiescravidão de mulheres trazidas na base de enganos ou à força. O plano do

---

[3] Deliberação da Comissão Mista dos Direitos da Mulher e da Igualdade de Oportunidades, que aprovou o relatório sobre a situação atual da prostituição na Espanha. *Boletín Oficial del Estado*, 24 abr. 2007.

Pascual Serrano

governo instava os jornais a se autorregularem visando à eliminação de qualquer relação empresarial com a prostituição. Poucos jornais de importância secundária seguiram a recomendação: a maioria, inclusive os principais, continuou fazendo caixa com os anúncios. A proibição deles, sem dúvida, ganharia apoio de todo o espectro social e ideológico da cidadania. No entanto, nenhum governo se atreve a proibir os anúncios para não ofender os grandes jornais, que permanecem, assim, lucrando com a prostituição[4]. Se algum os proibisse, com certeza seria acusado de atentar contra a liberdade de imprensa.

Por que a liberdade de imprensa não garante a liberdade de expressão dos cidadãos?

O artigo 19 da Declaração Universal dos Direitos Humanos estabelece o direito "de receber informações e ideias". No caso espanhol, essa Constituição é a primeira na Europa que reconhece o direito de receber uma informação veraz. Portanto, se as notícias de nossos meios de comunicação não tiverem a veracidade nem a qualidade necessárias e as ideias não forem equilibradas, os dois pilares legislativos fundamentais de nossa comunidade estarão sendo violados, por mais que esses mesmos meios continuem se alardeando de exercer a liberdade de imprensa.

Para que alguns cidadãos possam receber informações e ideias, deve-se garantir a outros o direito de transmiti-las. E esse direito, como todos nós sabemos, é propriedade de um oligopólio de poucas empresas de comunicação. Consequentemente, a mídia corporativa não exerce o direito à liberdade de expressão, e sim à censura, já que decide o que será publicado e divulgado e o que não.

---

[4] Analiso o assunto com mais profundidade em meu livro *Traficantes de información. La historia oculta de los grupos de comunicación españoles* (Madri, Foca, 2010).

Democracia e liberdade de imprensa

A nova censura

Durante muito tempo, associamos ditadura ou abuso de poder no tocante à informação com censura, que consistia em proibir a divulgação de certas informações. É evidente que o problema da informação hoje não é a censura, em poucos países a divulgação de um determinado dado, fato ou opinião é impedida. No entanto, continua havendo um grande déficit do direito à informação. Em outras palavras, existem formas diversas de censura.

O escritor e jornalista polonês Ryszard Kapuściński compara a situação de censura vivida em seu país durante o chamado socialismo real com o panorama atual da mídia. Segundo ele, aquela censura agora é velada pela manipulação. Se antes, em sua Polônia natal, os governos cerceavam a divulgação de algumas notícias, agora, com os silêncios, a frivolidade, o desvio da atenção para assuntos menores, a marginalização dos intelectuais dissidentes e, inclusive, as mentiras, o estado de desinformação da mesma vítima – o cidadão comum – não melhorou.

Analisemos dois símiles. Se eu estiver vivendo sob um governo ditatorial que deseja impedir que a carta de um amigo meu de fora do país seja entregue a mim, ele pode fazer o que é tradicional num sistema opressor: colocar um policial para vigiar minha caixa de correio e, quando a correspondência chegar, apropriar-se dela. Ou, ainda, mandar seus agentes deixarem quinhentas cartas misturadas em minha caixa de correio todos os dias, esperando que eu não saiba diferenciar a do meu amigo. Assim, o governo terá conseguido plantar obstáculos à informação entre nós dois. Outro caso é aquela brincadeira de criança em que Pedrinho vai contar algo a Joãozinho, e o resto dos amigos não quer que Joãozinho fique sabendo. Então, quando Pedrinho vai dizer alguma coisa, todos começam a gritar juntos. Como resultado, Joãozinho não saberá o que Pedrinho ia lhe falar.

Devemos concordar que esses dois exemplos gráficos e anedóticos têm a mesma eficácia que um sistema de censura para evitar a transmissão de uma mensagem. A ideia que eu quero passar é de que

Pascual Serrano

existe uma nova forma de censura, diferente da tradicional, mas tão eficaz quanto ela: enterrar a verdade com mentiras ou informações inúteis. Se a impunidade dos meios de comunicação lhes permitir mentir sem assumir nenhuma responsabilidade, eles farão isso constantemente, como de fato o fazem, e o cidadão não saberá discernir a verdade da mentira. Ou seja, essa censura é igual à da ditadura.

O direito à censura

Continuemos a falar de censura. A liberdade de expressão – que eles chamam de liberdade de imprensa – também deve nos assegurar conhecer as reclamações e contribuições das associações de ecologistas, sindicatos, advogados de direitos humanos; em suma, vozes críticas que têm algo a dizer. Existem proibições para que essas pessoas e coletivos façam suas denúncias? Na maioria dos países, não. No entanto, são os meios de comunicação que têm poder para levar essas vozes até os cidadãos. Desta forma, a mídia não exerce o direito à liberdade de expressão, mas o direito à censura, na medida em que decide o que nós, cidadãos, vamos conhecer e o que não. Em uma democracia de verdade, o cidadão não pode ficar nas mãos de empresas de comunicação privadas sem participação democrática, como acontece habitualmente. Ele deve ter assegurado o direito de informar e ser informado. Em síntese, no atual sistema de mercado não são os governos que aplicam a censura, são os meios de comunicação.

A mídia atropela os outros poderes

Nossa sociedade está funcionando de acordo com os parâmetros da mídia. Ao apostarmos numa democracia representativa, o principal poder é a opinião pública. É por isso que os agentes que operam na formação dessa opinião se tornaram o poder central de nossas democracias. Os meios de comunicação nasceram para garantir o

Democracia e liberdade de imprensa

acesso dos cidadãos às informações sobre acontecimentos, às propostas dos políticos, às ações de nossos governantes, às opiniões da oposição e dos movimentos sociais. A hipertrofia do modelo midiático, porém, transformou-os em interceptadores da informação, mais do que em transmissores. Como resultado, eles acabaram atropelando e repelindo os outros três poderes.

Executivo. O poder Executivo está à mercê da mídia para explicar aos cidadãos suas políticas, posições ou intenções. Um presidente ou um ministro (que representam milhões de pessoas) dão uma entrevista coletiva à imprensa e os meios de comunicação (que não representam ninguém) decidirão se – e como – divulgarão sua mensagem. Um colunista terá mais acesso aos cidadãos com sua presença midiática do que um ministro.

Legislativo. Os cidadãos não vão até os parlamentos para escutar os debates, também não os acompanham ao vivo pela televisão ou por rádio. São os meios de comunicação que transmitem o que consideram oportuno. Eu mesmo comprovei como um partido da oposição que quer denunciar alguma coisa prefere a convocação de uma conferência de imprensa a uma iniciativa parlamentar para ser debatida no Congresso. E, logo depois, o governo dará uma coletiva à imprensa para responder à oposição. Dessa forma, a instituição sobre a qual se sustenta o poder Legislativo, com suas representações proporcionais aos resultados eleitorais, seus procedimentos de debate e de intervenção, acaba sendo trocada pelos microfones e pelas câmeras. Hoje, se um deputado tivesse de optar entre meia hora de intervenção na plenária do parlamento e dez minutos na televisão, escolheria a última porque sabe que ela é mais eficaz.

Judiciário. O poder Judiciário também não se livra do atropelo midiático. Todos nós sabemos que os juízes estão decidindo, cada vez com mais frequência, isolar os jurados no decorrer dos julgamentos, de modo que eles não sejam condicionados pelo clima criado pelos meios de comunicação. Isso quer dizer que a mídia tem poder sobre as decisões judiciais. Em outros casos, os juízes, assim como os jornais, acabam sendo vítimas de campanhas midiáticas indecentes. Não é necessário ir até o terceiro mundo para encontrar exemplos disso. Na Itália, o juiz Raimondo Mesiano condenou a empresa Fininvest, propriedade de Berlusconi, a indenizar € 750 milhões ao cidadão De Benedetti pelo chamado caso Mondadori. A sentença declarou que a empresa de Berlusconi havia arrebatado ilegalmente de Carlo De Benedetti a propriedade de uma editora. Então, as televisões de Berlusconi começaram uma campanha contra o juiz, um senhor de mais de 60 anos. As câmeras de televisão o seguiram em segredo enquanto ele passeava pela rua para tentar flagrá-lo fazendo algo pouco honorável. Como não viram nada anormal, emitiram imagens do juiz se dirigindo ao cabeleireiro e ridicularizaram-no comentando que estava distraído, que se comportava de forma estranha andando para frente e para trás, que não parava de fumar (na verdade, só esperava sua vez no cabeleireiro). Terminaram a reportagem apontando "uma extravagância": ele vestia camisa branca, calça azul, mocassim branco e meias azuis-turquesa, que "não são as mais apropriadas para um tribunal", segundo a jornalista. A emissora cujo proprietário tem encontros sexuais remunerados com menores de idade se pronunciava sobre a inadequação de se usar meias azuis. Todas as associações de magistrados se posicionaram contra essa miserável campanha midiática.

O papel do Estado

Nos regimes ditatoriais tradicionais, meio de comunicação de propriedade estatal era sinônimo de controle por parte do aparato militar e repressor. A verdade, a denúncia e a crítica só podiam vir de meios não estatais, que eram perseguidos pelos regimes. O modelo atual de democracia, com todos os seus defeitos, alterou essa situação. O Estado deixou de ser o órgão repressor e se transformou, ou deveria se transformar, no legítimo representante da sociedade civil organizada. Na democracia, os legisladores e governantes são nossos representantes; as leis, as que o povo deseja; e a justiça, a que aplica a legislação aprovada pelos representantes públicos. Não há legisladores, leis, nem

Democracia e liberdade de imprensa

juízes legítimos fora do Estado democrático, mas há grupos sociais representativos a ser considerados. Portanto, voltando à questão da mídia: é – ou deveria ser – o Estado quem zela pelos valores da pluralidade, da democracia e da participação nos meios de comunicação. Na verdade, não é diferente do que acontece com outros serviços e direitos, como a saúde ou a educação. Estamos convictos de que só um Estado social e de direito se responsabilizará por assistência médica para aqueles que não têm recursos e educação digna para todos os cidadãos. Os planos de saúde e os colégios particulares nunca farão isso, pois foram criados com o objetivo de auferir lucros. Da mesma forma, um sistema de comunicação baseado na empresa e no mercado também não poderá garantir ao cidadão o direito de informar e ser informado. A interpretação distorcida do conceito de liberdade de expressão, apresentada como liberdade de imprensa, é o privilégio dos meios de comunicação privados. De fato, o que eles reivindicam é o direito à censura, a serem eles a escolher o que será divulgado ou não.

O intento de controlar os meios de comunicação públicos, tanto dos governantes como de seus partidos, é um problema que está na ordem do dia. A alternativa é estabelecer mecanismos e instituições que impeçam esse controle, bem como métodos que afiancem a independência e o profissionalismo dos jornalistas e diretores. Os meios de comunicação privados, mesmo que isso soe paradoxal, podem ser mais servis ao poder político do que os públicos. Não nos esqueçamos de que grande parte de sua receita provém de medidas governamentais: publicidade institucional, incentivos fiscais benéficos, subsídios, programas de ajuda, entre outros. Não obstante, eles não possuem sistemas de controle públicos, como os conselhos editoriais, os representantes da oposição ou de comissões parlamentares, os conselhos de cidadãos etc. Essa situação origina um duplo discurso dos donos da mídia privada: eles denunciam intervencionismo quando as decisões democráticas não são de seu gosto, mas exigem dinheiro e ajudas públicas quando enfrentam dificuldades econômicas.

Não vamos negar que, apesar de tudo, as televisões públicas não contam com os mecanismos de participação democrática que todos nós

Pascual Serrano

desejaríamos, e o poder dos governos em muitas ocasiões é excessivo. Porém, é indiscutível que os profissionais das televisões privadas nunca irão revelar as tentativas de pressão que sofrem de seus proprietários. A verdadeira independência, a verdadeira liberdade de imprensa, ou vem dos meios de comunicação públicos e comunitários, com o apoio do Estado, ou não nunca virá. A conclusão é que devemos reivindicar o papel do Estado nos meios de comunicação, um papel, isso sim, fundado na participação social e na pluralidade, e não no uso partidário de um governo. Assim como a administração pública contrata médicos, professores universitários, juízes e diplomatas de carreira sem ter em conta sua ideologia nem condicioná-los politicamente depois, o mesmo poderia acontecer com os profissionais dos meios de comunicação estatais. Sem esquecer que a cidadania organizada tem direito de criar suas próprias vias de comunicação através dos meios comunitários, que só poderão ser realmente valiosos e sólidos se o Estado proporcionar recursos para que eles saiam da marginalidade.

Temos de reconhecer que, já na democracia, houve numerosos maus precedentes de meios de comunicação públicos destinados ao uso exclusivo do grupo político governante, ignorando a voz dos coletivos de cidadãos, dos opositores e dos intelectuais independentes. Mas isso não deve nos impedir de apostar no Estado como via de democratização do panorama comunicacional. Não vamos privatizar os tribunais se considerarmos que os juízes são excessivamente parciais a favor do governo; não podemos pensar que o mercado nos fornecerá a pluralidade que o Estado não dá. A estigmatização de tudo o que é público, em que a ideologia neoliberal tanto insistiu, foi eficaz em numerosas ocasiões, sendo uma delas a percepção do público quanto aos meios de comunicação.

Estamos diante de um novo desafio: encontrar um método para que os cidadãos possam recuperar seu direito à informação através do Estado, de quem precisamos exigir o cumprimento de seu dever de garanti-lo. Nós, cidadãos, devemos dar poder a esse Estado, e ele, por sua vez, deve nos dar controle. Essa é a verdadeira liberdade de imprensa numa democracia.

PARTE II

A EXPLOSÃO DO JORNALISMO
NA ERA DIGITAL*

Ignacio Ramonet

Vivemos num momento em que o jornalismo está explodindo, literalmente explodindo, principalmente devido ao impacto da internet. Uma das características da internet é que ela permite que nos comuniquemos por meio de tecnologias muito simples – não é preciso ser um especialista para utilizá-las – e relativamente baratas – não é necessário ser milionário para se equipar com um telefone inteligente, um iPad ou um *notebook*.

Tudo aquilo que a imprensa trouxe, tais como mudanças fundamentais no saber, no conhecimento, na ampliação da cultura, na multiplicação das universidades, as alterações que o Renascimento promoveu nas elites culturais, tudo isso é o significado da internet. Hoje, a falta de acesso de uma geração à rede pode provocar consequências na maneira de se adquirir cultura. Há outras que continuam sendo úteis, mas a internet é indispensável.

Afirmei que o jornalismo está sendo literalmente dinamitado pela internet no mundo inteiro. Por quê? Primeiro, parece claro que, ao criar um continente midiático inédito, a internet produz um jornalismo novo (blogs, redes sociais), em concorrência direta com o jornalismo tradicional. Cada cidadão tem acesso à informação

---

* Conferência e debate no Teatro Sanguily, em Cuba, por ocasião da entrega do título de doutor *honoris causa* a Ignacio Ramonet pela Universidade de Havana, em 7 de dezembro de 2011. O texto foi editado a partir da transcrição realizada por Abel Lescaille Rabell, Aileen Infante Vigil-Escada, David Vázquez Abella, Hansell Pavel Oro Oro, Max Barbosa Miranda, Omairy Lorenzo Álvarez, Tayna Camila Martínez Ajuria e Yeleina Guerra Salarichs, estudantes de jornalismo da Faculdade de Comunicação da Universidade de Havana. (N. E.)

Ignacio Ramonet

sem depender dos grandes meios de comunicação, como antes. O novo dispositivo tecnológico faz com que cada cidadão deixe de ser só o receptor da informação – acabando, assim, com um modelo que foi norma durante muito tempo, desde o advento dos meios de massa. Nunca na história das mídias os cidadãos contribuíram tanto para a informação. Hoje, quando um jornalista publica um texto on-line, ele pode ser contestado, completado ou debatido, sobre muitos assuntos, por um enxame de internautas tão ou mais qualificados que o autor. Assistimos, portanto, a um enriquecimento da informação graças aos "neojornalistas", que eu chamo de "amadores-profissionais".

Por outro lado, há o que poderíamos denominar de "crise habitual" do jornalismo. Este fenômeno, que é anterior à situação atual, reflete-se na perda de credibilidade dos jornalistas devido ao forte vínculo que muitos deles mantêm com o poder econômico e político, suscitando uma desconfiança geral no público. Além disso, a crise econômica provoca uma queda muito forte da publicidade (principal fonte de financiamento das mídias privadas) e desencadeia pesadas dificuldades de funcionamento para as redações.

A perda de credibilidade acentuou-se nas duas últimas décadas, especialmente como consequência do desenvolvimento do negócio midiático. A partir da metade dos anos 1980, vivemos duas substituições. Primeiro, a informação contínua na TV, mais rápida, tomou o lugar da informação oferecida pela imprensa escrita. Isso conduziu a uma concorrência mais acirrada entre mídias, numa corrida de velocidade em que há cada vez menos tempo para se verificar as informações. Depois da metade da década de 1990, e particularmente nos últimos anos, com a expansão da internet, surgiram os "neojornalistas", que são testemunhas-observadoras dos acontecimentos – sejam sociais, políticos, culturais, meteorológicos ou de variedades – e se tornaram uma fonte de informações extremamente solicitada pelas próprias mídias tradicionais.

Antes, havia emissores de mensagens que dominavam a comunicação de um polo central, denominados por mim no livro *A explosão do*

A explosão do jornalismo na era digital

jornalismo[1] como "meios-sol", pois eram como sóis únicos em nossa galáxia que iluminavam, ilustravam ou domesticavam os cidadãos. Hoje, temos o que eu chamo no livro de "meios-polvo": cada cidadão, com um simples telefone inteligente, um *notebook* ou um iPad, já pode enviar mensagens, corrigir as informações dadas pelos meios de comunicação centrais ou completá-las com imagens, textos, vídeos. Há uma ruptura de papéis que eram fixos: o emissor, de um lado, e o receptor, de outro; o emissor, que era ativo, e o receptor, passivo.

O receptor podia pensar qualquer coisa sobre a mensagem recebida, podia não concordar, achá-la errônea ou incompleta, mas não podia expressar essas opiniões fora de seu entorno. Agora, ele pode não só expressá-las, mas também emitir informações por sua própria conta. Desse modo, o monopólio da informação que os meios de comunicação dominantes exerceram em nossas sociedades vai chegando ao fim.

Exclusão digital

Todo mundo produz ou pode produzir informação no mundo desenvolvido. Porém, não nos esqueçamos de que há uma grande exclusão digital, de que quase a metade da população do mundo (40%) vive com menos de 2 CUC (pesos conversíveis cubanos) por dia e, consequentemente, não tem acesso a eletrônicos. Aliás, não tem nem mesmo acesso à eletricidade, como acontece com 1,5 bilhão de pessoas.

Nosso planeta continua sendo caracterizado pela pobreza, que é imensa, embora esteja diminuindo. Nos últimos anos, calcula-se que cerca de 150 milhões de habitantes tenham deixado de ser pobres, principalmente na América Latina, graças à implementação de políticas de desenvolvimento social em países como o Brasil, a Argentina, a Venezuela e o Equador. Estima-se que, nos últimos oito anos,

---

[1] Ignacio Ramonet, *A explosão do jornalismo: das mídias de massa à massa de mídia* (São Paulo, Publisher Brasil, 2012).

Ignacio Ramonet

80 milhões de pessoas tenham saído da pobreza apenas na América Latina, de modo que há um progresso significativo na região.

No entanto, existe a exclusão digital, por isso não convém generalizar. O que eu digo se aplica especialmente aos países desenvolvidos ou a núcleos urbanos no geral, pois, mesmo nas capitais ou nas grandes cidades dos países pobres, existem minorias privilegiadas ou com mais recursos que dispõem dessas tecnologias.

Seja com for, na atualidade há uma ruptura do monopólio, o que faz com que cada cidadão se transforme no que eu chamo de *web actor* [ator da rede]: qualquer pessoa pode entrar na internet e, assim, modificar, comunicar etc.

As redes sociais ampliaram esse fenômeno. Até agora, falava-se da internet como a possibilidade de se ter um blog, de se escrever uma versão própria, de editar etc. Porém, surgiram as chamadas redes sociais, como o Facebook, e os grupos que só se comunicam através delas. Na França, por exemplo, hoje os jovens não se comunicam mais por mensagens eletrônicas (SMS), mas através da caixa de mensagens do Facebook, e a chance de que essa rede social se transforme em um universo comunicacional total é cada vez maior.

Tudo isso é muito rápido. Se tivéssemos falado sobre o assunto há quatro anos [2007], não teríamos mencionado nem o Twitter, nem o Facebook, nem o iPad, pois nenhum deles existia. E só estamos no alvorecer da internet. Daqui a quatro ou cinco anos, é possível que sites como o Facebook não tenham mais a importância que têm hoje. Há três ou quatro anos, talvez tivéssemos nos referido ao Myspace e, no entanto, mesmo tendo sido um fenômeno que gerava uma enorme preocupação há alguns anos, hoje em dia ele não interessa a ninguém, praticamente não existe mais.

Escravos da rede

Quando falamos da profissão de jornalista, encontramo-nos diante de uma situação muito peculiar. Por um lado, ela se degradou so-

A explosão do jornalismo na era digital

cialmente. Nos países desenvolvidos, em que qualquer pessoa pode produzir informação em redes sociais, a quantidade de potenciais jornalistas é tão grande que o *status* da profissão acabou se banalizando e a maioria dos jornalistas passou a ter baixos salários. Além disso, muitos jornais estão fechando. Nos Estados Unidos, cerca de 120 já desapareceram. Significa que a imprensa escrita deixará de existir? Não, a história mostra que as mídias se reentrelaçam e se reorganizam. No entanto, só vão sobreviver os poucos jornais que tiverem uma linha clara, basearem suas análises em pesquisas e sejam sérios, originais, bem escritos. Os jornais mais ameaçados são, no meu modo de ver, os que reproduzem informações gerais e têm uma linha editorial diluída. Embora seja importante para os cidadãos que as opiniões circulem, isso não quer dizer que cada mídia deva reproduzir, em si mesma, todas as opiniões. Neste sentido, a imprensa de opinião é necessária. Não se trata de uma imprensa ideológica, ligada ou identificada com uma organização política, mas de um jornalismo capaz de defender uma linha editorial definida por sua redação.

Está ocorrendo o que eu chamo de extinção da imprensa de papel. Dezenas de milhares de jornalistas têm perdido seus empregos. Nos Estados Unidos, foram demitidos 35 mil jornalistas nos últimos anos. A característica principal da profissão é, hoje, a precarização. A maioria dos jovens jornalistas é muito mal paga. Trabalha por tarefa, muitas vezes em condições pré-industriais. Mais de 80% dos jornalistas recebem baixos salários. A profissão vive sob a ameaça constante do desemprego e, a despeito disso, as faculdades de Jornalismo e Comunicação da Europa e dos Estados Unidos continuam formando, todos os anos, centenas de milhares de profissionais que, não raro, vão ser explorados pelo mercado.

O cenário não mudou com a internet, pelo contrário, talvez tenha se agravado. Nos sites de informação em tempo real, a maior parte deles criada pela velha mídia, as condições de trabalho são ainda piores. Surgem novos tipos de jornalistas explorados e superexplorados. Eles já ficaram conhecidos como "escravos da rede". Os meios

Ignacio Ramonet

de comunicação existentes – sejam da imprensa escrita, do rádio ou da televisão – têm uma versão on-line e, evidentemente, precisam de pessoal para fazê-la. Recrutam, em especial, jovens recém-saídos das universidades, para superexplorá-los, levando-os a trabalhar muitíssimo por salários ruins.

Os grandes patrões da imprensa ou da mídia fazem os verdadeiros profissionais competirem com quem oferece informação a custo baixo. Chegamos a um ponto tal que surgiram as chamadas "fazendas de conteúdo": agora há "fazendeiros" que propõem a internautas hispânicos de todo o mundo que escrevam sobre esse ou aquele assunto. Aumentou a oferta de mão de obra, que tem a ver com a abundância de pessoas com curso superior. Nunca houve tantos estudantes como agora. Nos países desenvolvidos, a maioria dos jovens de cada geração passa pela universidade.

Isso quer dizer que a maioria dessa geração sabe ler e escrever e, portanto, pode oferecer textos que têm um preço no mercado da oferta e da procura. Os "fazendeiros", então, criam essas "fazendas" e divulgam seus conteúdos na internet. Em geral, os artigos são sobre questões práticas, como turismo, gastronomia, jardinagem ou assuntos da vida cotidiana. Os textos são publicados em uma página com publicidade e os autores só são remunerados quando os leitores clicam no anúncio. Ou seja, eles só ganham alguns centavos se alguém clicar na divulgação lateral.

Se, por um lado, esta situação gera degradação, também estamos diante de uma ocasião excepcional para a nova geração de jornalistas. Primeiro, porque os jornalistas nunca tiveram uma formação tão boa como a de agora, haja vista que por muito tempo os profissionais se formaram de maneira selvagem, como autodidatas. Hoje, os jornalistas e comunicadores frequentam as universidades. As gerações dos últimos quinze ou vinte anos têm a melhor formação da história do jornalismo.

Segundo, as ferramentas tecnológicas permitem que um grupo de jovens jornalistas seja capaz de se organizar com poucos recursos, podendo, assim, criar novos veículos de comunicação, jornais etc.

A explosão do jornalismo na era digital

Em muitos países, principalmente nos Estados Unidos, os jornais digitais mudaram ou estão mudando sua maneira de fazer jornalismo. Surgem na rede jornais de novos tipos, para os quais os leitores também podem contribuir, eliminando as funções fixas de emissor e receptor, e transformando todo emissor em receptor e todo receptor em emissor. A expectativa neste momento é a de que surja uma nova geração de jornais digitais, o que faz com que a forma como a informação é concebida adquira uma perspectiva mais positiva.

Perguntas do público

Autoinformação e capital simbólico

Pergunta de Frank González, decano da Faculdade de Comunicação da Universidade de Havana:

"Você se referiu à capacidade de autoinformação. A capacidade dos indivíduos de se autoinformarem pode reduzir a capacidade dos grupos dominantes de impor sua violência simbólica ou isso também dá a eles novas ferramentas e novas possibilidades de explorar o capital simbólico acumulado durante tantos anos?"

Ignacio Ramonet:

É preciso considerar que a ilusão de que podemos nos autoinformar nunca foi tão grande. Quando nos colocamos diante do computador e perguntamos algo ao Google, sempre encontramos respostas. Existe a ilusão de que podemos nos autoinformar porque o computador dará todas as respostas para todas as perguntas que pudermos fazer a nós mesmos.

Mas por que eu afirmo que isso é uma ilusão? Primeiro, o computador não vai me dar respostas sobre informações que não existem. Em outros trabalhos meus, eu disse que a "melhor censura" é aquela que esconde a informação, ou mesmo, às vezes, a que sobrecarrega de informação. Quando temos certeza de que podemos ter toda a informação que quisermos, acabamos "baixando a guarda" e, de

Ignacio Ramonet

certa forma, não nos propomos a encarar o problema de como funciona a censura democrática. Na verdade, ela funciona desse jeito: a sobrecarga de respostas encontradas apazigua, tranquiliza minhas inquietações, sacia minha curiosidade, mas, de fato, não tenho provas de que não estejam escondendo algo de mim.

Vou dar a vocês um exemplo que trato no livro *A explosão do jornalismo*. É a questão do WikiLeaks. Todos vocês ouviram falar dele. O que o WikiLeaks demonstrou? Que acreditávamos estar bem informados, mas ignorávamos praticamente tudo sobre questões fundamentais como a guerra do Iraque, a guerra do Afeganistão e a diplomacia dos Estados Unidos. Quando o WikiLeaks divulgou material bruto sobre os excessos da repressão no Iraque, os crimes cometidos no Afeganistão e as análises feitas pelas embaixadas dos Estados Unidos, ele nos deu uma quantidade de informação astronômica que ignorávamos.

WikiLeaks é o terreno da transparência. Em nossas sociedades contemporâneas, democráticas e abertas, será cada vez mais difícil para o poder manter uma política dupla: uma para fora e outra, mais opaca e secreta, para uso interno. O WikiLeaks demonstrou que as mídias tradicionais não funcionavam mais nem assumiam seu papel. Foi no nicho dessas carências que o WikiLeaks conseguiu se introduzir e se desenvolver. O site também revelou que a maior parte dos Estados tinha um lado obscuro, oculto.

Essa evolução para uma maior transparência vai, necessariamente, atingir os privilégios das elites e as relações de dominação. Se atualmente as mídias são capazes de dissecar o poder político, é porque a política perdeu muito de seu poder, abocanhado pelas esferas financeiras. Sem dúvida, é à sombra das finanças, dos *traders*, dos fundos de pensão, que se localiza hoje o verdadeiro poder.

Tal poder mantém-se intacto porque permanece na penumbra. É significativo que a próxima revelação anunciada pelo WikiLeaks seja a respeito, justamente, ao sigilo bancário. Graças aos novos sistemas midiáticos, tornou-se possível atacar esses espaços ocultos. Esse poder é como o dos vampiros: a luz os dissolve. Com os novos meios

A explosão do jornalismo na era digital

digitais, podemos esperar que os poderes econômico e financeiro sejam desvendados em breve.

Vivemos num sistema em que relacionamos automaticamente (de forma inconsciente) a sofisticação da tecnologia que usamos com a qualidade da informação que recebemos. Uma tecnologia muito sofisticada, muito rápida ou muito fascinante nos faz acreditar que, devido ao fato de ela ser tão eficaz, a informação que recebemos será necessariamente muito boa. Mas isso não é verdade. A realidade é que hoje em dia existe uma desconfiança coletiva com a informação, e há quem se faça as seguintes perguntas: por que as pessoas desconfiam, sendo que nossos sistemas tecnológicos são sofisticados, teoricamente livres, teoricamente democráticos? Por que as pessoas desconfiam de informações que parecem evidentes?

Um exemplo que todos vocês conhecem ou já ouviram falar são os atentados de 11 de setembro. Praticamente todo mundo viu ao vivo, ou quase ao vivo, a colisão dos aviões contra as Torres Gêmeas de Nova York e o desmoronamento dos edifícios. Bem, então onde está a dúvida? Que dúvida pode existir com relação a isso? Essa informação deu margem à maior quantidade de rumores e de versões conspiratórias de todos os tempos – era uma informação evidente, nós a vimos com nossos próprios olhos. No entanto, depois houve milhares de versões de que isso não era exatamente assim, que era um mito, que aqueles não eram os aviões etc. Não digo que seja verdade ou não, o que estou dizendo é que, quando os rumores sobre uma informação que parece real se multiplicam, significa que ela simplesmente não é fiável. Hoje estamos num sistema em que há muita informação, mas também há enorme desconfiança no que concerne a ela.

A segunda parte da pergunta é se os grandes grupos midiáticos vão continuar dominando as sociedades, apesar da atual possibilidade teórica de os cidadãos se autoinformarem. Esses grandes grupos estão em crise, perdendo dinheiro, fechando jornais, cortando pessoal… O caso sintomático é o de Rupert Murdoch, proprietário da

Ignacio Ramonet

News Corporation, principal grupo midiático do mundo: com o escândalo do *News of the World* na Inglaterra, foi diretamente afetado e está em crise.

Quer dizer que os grandes grupos midiáticos vão abandonar o jogo? Não, provavelmente vão continuar tentando manter sua dominação, mas ela está se reduzindo em todo o mundo. Por exemplo, o que está acontecendo hoje na América Latina? A característica dos meios de comunicação na maioria dos países da região era, até agora, o ataque dos grandes grupos contra os governos progressistas. Porém, atualmente esses governos estão diminuindo o poder e a existência dessas empresas de mídia. Está surgindo um setor público de televisão muito importante, com novos veículos (do rádio e da televisão até a imprensa escrita) controlados pelo governo com capital estatal majoritário, o que faz com que a dominação dos grupos midiáticos experimente uma queda.

Isso é só o começo: por razões tecnológicas, os grandes grupos veem que sua dominação não é mais a mesma de antes. Os latifundiários midiáticos enfrentam a reforma agrária dos dias de hoje, que é a reforma midiática. Ela é a arma que os governos progressistas utilizam, da mesma forma como em outros tempos a reforma agrária foi um instrumento de redução do poder dos latifundiários, que possuíam a principal fonte de riqueza, a terra. Hoje, os governos empreendem a reforma da mídia por meios legais, fazendo mudanças legislativas para reduzir o latifúndio midiático e a influência ideológica dos grandes grupos do setor.

A guerra dos autores

Pergunta de Ian Guzmán, professor da Faculdade de Direito da Universidade de Havana:

"O que o senhor tem a dizer sobre a regulação da internet?"

Ignacio Ramonet:

Essa questão vem sendo colocada em muitos países, sobretudo devido ao abuso que a internet significa em termos de direitos auto-

A explosão do jornalismo na era digital

rais. Hoje, a internet permite que uma música, um filme, uma fotografia ou um texto criado por um autor que vive dos direitos autorais sejam absorvidos pelo sistema e circulem sem que ele receba o que lhe compete.

A maioria das associações de autores tenta criar filtros para evitar a pirataria. Por outro lado, o tema é motivo de debate, já que países como a França sancionaram leis de direitos autorais que castigam a pirataria de obras, mas há movimentos internacionais de resistência contra esse tipo de legislação. Na Espanha, por exemplo, o governo socialista não se atreveu a submeter a lei de proteção dos autores à votação – e eles estão furiosos.

No plano internacional, existe uma mobilização de grupos de cidadãos a favor da pirataria. Na Suécia e na Alemanha, criaram até partidos políticos para defender esse sistema. Alguns deles conseguiram eleger deputados, inclusive no Parlamento Europeu.

Os partidos pró-pirataria defendem a liberdade de circulação das obras na internet, o que, em certa medida, seria uma concepção internacionalista de que elas são feitas para as pessoas. Esse debate não foi proposto até agora em termos de informação. Por que será? Porque ele se relaciona com a liberdade de expressão, ou melhor, com as limitações à possibilidade de se comentar uma informação e dar uma opinião diferente de este ou aquele meio de comunicação. É um assunto bem complicado.

Em muitos países, há leis que regulam a informação. Fazer informação não significa que se possa dizer qualquer coisa; por exemplo, a difamação é castigada penalmente. Se uma pessoa acusar alguém de algum crime e isso for falso, ela terá de assumir sua responsabilidade perante a lei, podendo ser condenada a sanções econômicas graves, entre outras.

É preciso entender que o próprio princípio da internet é a livre circulação da informação. Porém, o fato de que isso seja teoricamente, virtualmente e materialmente possível não suprime a dominação dos grandes meios de comunicação. Eu observei que eles estão em crise, não que desapareceram. Vocês comprovarão isso se estudarem a

Ignacio Ramonet

presença deles em qualquer país grande, como a França, onde a maior audiência é a do principal canal de televisão, que é privado.

No caso da internet, partimos do princípio de que um site não é igual a um canal de televisão, já que eu posso ter o meu e cada um de vocês pode ter o seu, assim faremos concorrência com os grandes canais. A questão é quem tem mais audiência: meu site pessoal, meu perfil no Facebook, o site da minha associação ou o da TF1, o maior canal de televisão francês? Obviamente, não há discussão. O site mais visitado da França é o do canal de televisão de maior audiência. Na verdade, vemos o mesmo fenômeno em todos os países: os meios de comunicação que controlam o mercado da imprensa tradicional, do rádio e da televisão dominam também a audiência na internet.

A diferença é que, na internet, outros meios atuam e podem atingir milhares de pessoas, as quais terão acesso a informações com função de contrainformação ou de correção. Antes, a guerrilha midiática era muito difícil, hoje é possível. A batalha não foi ganha – isso seria muito complicado e irrealista –, mas é indiscutível que há uma maior possibilidade de nos informarmos de maneiras diferentes.

Quarto e quinto poderes

Pergunta de Omairy Lorenzo, estudante de Jornalismo:
"Qual é a influência das novas tecnologias da informação sobre a criação do conhecimento atualmente? É possível falar do sistema de imprensa como quarto poder?"

Ignacio Ramonet:
É incontestável que as novas tecnologias contribuem para a produção de conhecimento. Como eu havia dito a vocês, é um verdadeiro crime intelectual e cultural que o bloqueio econômico impeça o acesso a essas tecnologias em Cuba. O maior produtor de conhecimento é, sem dúvida, a internet, pois ela é a soma de tudo o que a escrita, as imagens, os vídeos e a própria rede podem produzir. Privar-se ou ser privado dessa ferramenta, a gráfica do século XXI, é uma maneira de se amputar uma nova forma de conhecimento.

A explosão do jornalismo na era digital

Isso não quer dizer que não se possa viver sem internet. E provavelmente era e continua sendo possível viver sem gráfica, mas não há dúvida de que essa é uma desvantagem extremamente grave.

Quanto ao quarto poder, o que eu falei é o seguinte: por que chamam a imprensa, sobretudo a escrita, de "quarto poder"? Essa expressão não faz sentido fora de uma democracia, ou seja, de um sistema político que funciona com três poderes. Quando Montesquieu definiu os três poderes no livro *O espírito das leis*, escrito em meados do século XVIII, ele se pronunciou contra o absolutismo monárquico desta forma: para que uma sociedade funcione de maneira republicana e democrática, são necessários três poderes; não só uma fonte de poder, mas três. Dois deles são diretamente políticos: o poder Legislativo, que é a representação da sociedade e serve para elaborar as leis; e o poder Executivo, que emana do poder Legislativo, isto é, da assembleia nacional, e tem como missão executar as leis elaboradas por ela.

O terceiro poder não é político. O poder Judiciário tem que ser autônomo do poder político e de todos os outros poderes factuais (econômicos, militares) para avaliar o que é justo de maneira totalmente independente. Então, uma democracia funciona com três poderes. Mas, quando os meios de comunicação de massa começam a crescer, especialmente a imprensa escrita no final do século XIX, surge uma entidade que não havia antes: a opinião pública.

A opinião pública não existe, é claro: ela é o reflexo dos meios de informação de massa. A ideia que eu tiver do que acontece em Timor-Leste, por exemplo, só pode se basear no que li na imprensa, escutei no rádio ou vi na televisão, não na minha própria experiência. Posso ter a ideia que for – positiva, negativa, neutra –, mas sempre em função do que eu consumi na mídia.

A opinião pública tem um valor muito importante porque é ela quem vai dizer que até uma democracia pode cometer abusos. A sociedade americana, surgida em 1776, é a primeira sociedade democrática moderna. No entanto, essa democracia moderna era escravista. Quase todos os pais fundadores da democracia norte-americana

Ignacio Ramonet

eram proprietários de escravos, a Casa Branca foi construída por escravos, mas eles não viam essa contradição. Quando a imprensa criou a opinião pública, ela procurou corrigir isso, e assim surgiram os debates sobre a abolição da escravatura.

A opinião pública, que tem grande relevância na sociedade, transforma-se no quarto poder. Na atualidade, o quarto poder não está funcionando corretamente. Por definição, ele deveria ser um contrapoder em oposição aos outros, e a opinião pública deveria ser capaz de corrigir os erros cometidos por eles. Todavia, em muitas democracias atuais, o quarto poder está em mãos de grupos midiáticos privados, articulados com o poder dominante, que é o poder econômico e financeiro.

Vivemos uma concentração extraordinária da mídia. Quem examinar a estrutura de propriedade da imprensa francesa constatará que ela está em mãos de um número reduzidíssimo de grupos. Um punhado de oligarcas tornou-se proprietário dos grandes meios. A pluralidade nesses veículos é cada vez menor e, como é de se esperar, eles defendem os interesses de seus donos, que são grandes grupos financeiros e industriais. Isso provoca uma crise no quarto poder, pois sua missão histórica, que consistia em criar uma opinião pública com senso crítico e capacidade de participação ativa no debate democrático, não pode mais ser cumprida. Pelo contrário, a mídia procura domesticar a sociedade e evitar qualquer questionamento ao sistema dominante. Produz consenso em torno de certas ideias (a globalização e o livre comércio, só para citar duas) consideradas "boas para todos" e incontestáveis. A cumplicidade do quarto poder com os poderes dominantes faz com que ele deixe de funcionar como tal, o que representa um grave problema para a democracia, pois não é possível concebê-la sem o autêntico contrapoder da opinião pública. Uma das especificidades dos sistemas democráticos está, aliás, na tensão permanente entre poder e contrapoder, cujo resultado é a versatilidade e a capacidade de adaptação do sistema. O governo tem, como contrapeso a seu poder, uma oposição – os patrões, os sindicatos –, mas a mídia não tem – e não quer ter! – um contrapoder. Ora, há uma demanda social forte e crescente

A explosão do jornalismo na era digital

de informações sobre a informação. Diversas associações e observatórios têm se constituído (como é o caso da Acrimed, na França) para aferir a veracidade e o funcionamento da mídia.

O quinto poder

É assim que as sociedades constroem, pouco a pouco, um quinto poder. O mais difícil é fazer com que a mídia dominante aceite o quinto poder e lhe dê a palavra... Minha proposta é que todos nós participemos da criação de um quinto poder, que se expressaria mediante a crítica ao funcionamento dos meios de comunicação, papel que antes cabia ao quarto poder. O que um cidadão mais ou menos ativo numa sociedade democrática deve fazer? Questionar a forma como a mídia dá conta da realidade. Essa função crítica consiste em informar sobre a informação, que não é neutra, sempre é construída a partir de um ponto de vista. Portanto, revelar a quem pertence essa informação, quem ela está ajudando, em que medida ela é a expressão dos grupos privados que são seus proprietários já é uma maneira de se dizer para quem os meios de comunicação estão trabalhando. Isso é criar um quinto poder, ressignificando o que a opinião pública deve ser.

Curiosamente, foram as redes sociais que permitiram isso. Vejam o que aconteceu na Tunísia ou no Egito, onde ditaduras muito antigas, de mais de cinquenta anos, acreditavam que já dominavam a sociedade porque controlavam o rádio, a televisão e a imprensa escrita. Mas, de repente, as novas gerações começaram a conhecer o conteúdo do WikiLeaks, repassando a informação pelo Facebook, Twitter ou e-mail. Elas se autoinformaram, protestaram, criaram uma contraopinião pública, e as ditaduras não puderam resistir.

Atualmente, os jovens do mundo – na Espanha, nos Estados Unidos, na Grécia, na Inglaterra, em Israel, no Chile – estão se autoinformando e protestando contra uma espécie de aliança entre os poderes tradicionais e o poder midiático.

Receptor: o mais relegado

Pergunta de Cristina Escobar, jornalista formada pela Faculdade de Comunicação da Universidade de Havana:

"O que está acontecendo com os receptores neste novo cenário produzido pela internet? Por favor, fale sobre a formação dos jornalistas."

Ignacio Ramonet:

A questão da recepção, como vocês sabem, é a parte mais ignorada das análises. Em geral, a comunicação estuda muito melhor a emissão e a mensagem. A recepção é uma espécie de buraco negro onde chegam as mensagens, sem que saibamos muito bem o que o receptor faz com elas. Atualmente, é preciso reformular a questão do receptor porque, como os sistemas são interativos, o receptor e o emissor são permutáveis.

Outro dia, publicaram uma entrevista minha no *Cubadebate* que eu achei muito boa, não pelo que eu disse, mas porque a jornalista a conduziu muito bem. Era uma entrevista longa, complexa, séria e com uma edição bem-feita. No próprio site do *Cubadebate*, é só clicar no botão do Facebook e, instantaneamente, o conteúdo pode ser lido por meus 2.500 amigos no Facebook. Essa é uma maneira de agir, mas eu também poderia ter feito uma série de comentários, podia tê-la completado etc.

O que o receptor faz com a informação que recebe? Na maior parte dos casos, não sabemos o que ele faz, continuamos sem saber. Além disso, ter muita informação não quer dizer que se esteja bem informado, pois a sobrecarga de informação não tem uma relação qualitativa. Sempre é bom ter muita informação, claro que é melhor do que ter pouca. Mas a sobrecarga cria um efeito narcótico que faz com que eu não perceba que, ao mesmo tempo, estão escondendo informações de mim; é assim que funciona a censura democrática da qual falei. A maioria das pessoas que utilizam novas tecnologias não o faz para aumentar sua consciência crítica sobre a situação internacional, mas com propósitos lúdicos, seja para consumir música, cinema, jogos etc. Esse mecanismo absorve tanto tempo que pouco sobra para o resto das atividades.

A explosão do jornalismo na era digital

Antes das novas tecnologias, calculava-se que uma pessoa urbana no mundo desenvolvido dispunha de aproximadamente 20 minutos por dia para se informar. Esse tempo está se reduzindo porque agora nos dedicamos mais a responder e-mails, por exemplo.

Não há dúvidas de que a internet tem jazidas de informação inesgotáveis.

Outro problema que menciono no meu livro é uma observação de Nicholas Carr, um grande defensor das novas tecnologias. Em seu último livro, *A geração artificial*[2], ele observa que as pessoas que usam e abusam do universo digital, sobretudo das redes sociais, estão adquirindo atitudes peculiares. Elas são capazes de migrar de um assunto para outro com grande agilidade, mas, no geral, não permanecem nos sites que visitam por mais de um minuto e meio. Evidentemente, esse não é o tempo de leitura de nem mesmo uma folha. Para ler uma página, precisamos de mais ou menos três minutos. Como conclusão, Carr afirma que as gerações que estão surgindo têm uma capacidade de visão superficial muito rápida e ágil, mas que, simultaneamente, "estamos caminhando para inteligências incapazes de se concentrar muito tempo numa só atividade". Segundo ele, essas gerações, cuja sobrecarga de informação é enorme – o que faz com que elas queiram ver tudo com muita rapidez –, talvez sejam incapazes de ler um livro, já que tal atividade exige a consagração de muito tempo a um único assunto.

Quanto à recepção, isso quer dizer que, apesar de teoricamente podermos receber uma grande quantidade de informação, não dispomos de tempo suficiente para absorvê-la. Também não vamos querer dedicar muito tempo a um relatório sério e profundo sobre cada assunto. Desse modo, é preciso ponderar a riqueza virtual da internet.

---

[2] Nicholas Carr, *A geração superficial: o que a internet está fazendo com nossos cérebros* (Rio de Janeiro, Agir, 2011).

Ignacio Ramonet

Formação dos jornalistas

A formação dos jornalistas nunca foi tão importante como agora. Atualmente, ela compreende não só as técnicas de comunicação, mas o contexto político, econômico, social, geopolítico. Na França, por exemplo, o curso de Jornalismo é um dos mais longos de todos: os jornalistas fazem primeiro ciências políticas ou economia, com duração de três ou quatro anos, e depois estudam mais três ou quatro anos de jornalismo propriamente dito. Assim, a graduação dura oito ou nove anos, sendo mais longa do que a de medicina. Em suma, a formação dos jornalistas é muito boa, mas o sistema midiático tradicional não os aproveita.

Com essa formação e com as novas tecnologias, o que os novos jornalistas devem fazer é criar seus próprios jornais. O conselho que eu daria para um(a) jovem jornalista hoje – não me refiro a Cuba, mas aos países europeus – é o seguinte: não procure entrar nesse ou naquele grande meio de comunicação, porque você será recrutado por um salário absolutamente miserável, seu trabalho será superexplorado e, no final, você irá repetir o que esses meios já fazem constantemente.

Em vez disso, procure criar seu próprio meio de comunicação com seus colegas, hoje isso é possível. Produza uma informação diferente, inteligente, verdadeira, verificável, confiável, criativa, adaptada às novas tecnologias, e não o contrário, como faz a grande mídia, que tenta adequar as novas tecnologias à imprensa tradicional.

AGÊNCIAS ALTERNATIVAS EM REDE E DEMOCRATIZAÇÃO DA INFORMAÇÃO NA AMÉRICA LATINA[1]

Dênis de Moraes

Em memória de Rodolfo Walsh

Nosso foco de análise são agências alternativas de notícias latino--americanas que, rejeitando os controles ideológicos da mídia convencional, recorrem à ambiência descentralizada e interativa da internet para renovar sistemáticas de produção, difusão e circulação social de informações, em moldes colaborativos e não lucrativos. Elas utilizam-se das ferramentas digitais com sentido contra--hegemônico: difundem conteúdos de contestação às formas de dominação impostas por classes e instituições hegemônicas, ao mesmo tempo em que priorizam temáticas relacionadas aos direitos da cidadania e à justiça social.

Em sua irrefreável expansão, a internet constitui hoje uma arena de embates pela hegemonia cultural e política, da qual já não podemos abrir mão, em qualquer dos horizontes abertos ou requeridos pelo pensamento crítico. No ecossistema virtual, desenvolvem-se práticas comunicacionais viabilizadas pelo desenvolvimento contínuo de tecnologias – desde a multiplicação de espaços para ex-

---

[1] A pesquisa que originou este estudo foi apoiada pela Fundação Carlos Chagas Filho de Amparo à Pesquisa do Estado do Rio de Janeiro (Faperj), pelo Conselho Nacional de Desenvolvimento Científico e Tecnológico (CNPq) e pela Fundação Ford. Agradeço a colaboração, como assistentes de pesquisa, das jornalistas Marina Schneider e Lívia Assad de Moraes e das bolsistas de iniciação científica do CNPq Ana Clarissa Fernandes e Camila Vianna.

pressar/interagir opiniões e preferências em redes sociais até a convocação, articulação, cobertura e socialização de atos públicos, protestos e manifestações em tempo real (como um simples "tuitaço" com hora marcada ou a reação simultânea em cadeia quando curtimos ou compartilhamos um *post*). Os conteúdos são produzidos e veiculados sem relação de dependência a matrizes fixas de emissão e enunciação. Eduardo Galeano foi exato ao salientar que, além de proporcionar chances de difusão às vozes mais díspares, a internet tornou-se um espaço que "contém um pouco de tudo, que não é uma coisa só, mas que inclui muitas expressões da afirmação da boa energia da vida, da energia multiplicadora do melhor da vida: a liberdade, a vontade de justiça"[2].

Como enfatizei em trabalho anterior[3], os nós da internet alastram-se por praticamente todas as atividades sociais, impulsionados pela convergência em banda larga com tecnologias móveis (materializada no uso de celulares, *notebooks*, *netbooks*, *smartphones*, *iPhones* e *tablets*), por interconexões com mídias digitais e pela exploração de recursos informáticos (*software* livre, plataformas *wikis* para criação de documentos compartilhados etc.). Inexistem limites predeterminados para o tráfego de dados e imagens; não há centro nem periferia, mas sim entrelaçamentos de percursos. As fronteiras entre quem emite e quem recebe podem tornar-se fluidas e instáveis. Os usuários têm a chance de atuar, simultaneamente, como produtores, emissores e receptores de ideias e conhecimentos, dependendo dos acessos, habilidades técnicas e lastros culturais de cada um. O usuário ativo da internet tem a seu dispor ferramentas para divulgar o que deseja, além de poder interagir ou compartilhar.

Nesse contexto, as agências alternativas, ao optarem por "práticas de produção virtual simbólica que contestam a concentração de

---

[2]   Entrevista de Eduardo Galeano a Marcello Salles, "Os meios de comunicação estão a serviço de uma visão conformista da história", *Fazendo Media*, Rio de Janeiro, 28 dez. 2005.

[3]   Dênis de Moraes "Ativismo em rede: comunicação virtual e contra-hegemonia", em *A batalha da mídia* (Rio de Janeiro, Pão e Rosas, 2009), p. 239-40.

Agências alternativas em rede e democratização da informação na América Latina

poder em torno das organizações de mídia"[4], integram-se às batalhas pela hegemonia ideológica, cultural e política. Trata-se de sublinhar o papel reservado ao jornalismo e aos jornalistas nas disputas pelo consenso em torno de determinados valores e visões de mundo. Isso me faz pensar no filósofo marxista italiano Antonio Gramsci, quando realça a importância dos meios de comunicação na formação das mentalidades e na definição das linhas de força do imaginário social. Nos *Cadernos do cárcere*, situa a imprensa (a principal mídia de sua época) como "a parte mais dinâmica" da superestrutura ideológica das classes dominantes[5]. Caracteriza-a como "a organização material voltada para manter, defender e desenvolver a 'frente' teórica ou ideológica", ou seja, um suporte ideológico do bloco hegemônico. Enquanto aparelhos político-ideológicos elaboram, divulgam e unificam concepções de mundo, jornais e revistas cumprem a função de "organizar e difundir determinados tipos de cultura"[6], articulados de forma orgânica com determinado agrupamento social mais ou menos homogêneo, o qual contribui com orientações gerais para exercer influência na compreensão dos fatos. Assim, na perspectiva gramsciana, a imprensa, o jornalismo e os jornalistas, cada qual em sua dimensão específica e em movimentos de fertilização mútua e com complementariedade, são agentes históricos essenciais no direcionamento da opinião pública, interferindo nos processos de conservação ou modificação das formas de hegemonia político-culturais.

As formulações de Gramsci sobre contra-hegemonia vinculam projetos jornalísticos alternativos à expressão da diversidade informativa com práticas de resistência cultural, permitindo-nos refletir

---

[4] Nick Couldry, *Mediation and Alternative Media Or Reimagining The Centre Of Media And Communication Studies* (Conferência no ICA – Our Media, Not Theirs, 2001). Disponível em: <http://www.ourmedianet.org/papers/om2001/Couldry.om2001.pdf>.

[5] Antonio Gramsci, *Cadernos do cárcere* (Organizado por Carlos Nelson Coutinho, Luiz Sérgio Henriques e Marco Aurélio Nogueira, Rio de Janeiro, Civilização Brasileira, 2000), v. 1, p. 78.

[6] Ibidem, p. 32.

sobre a reversão possível dos consensos estabelecidos. Ele define ações contra-hegemônicas como "instrumentos para criar uma nova forma ético-política", cujo alicerce programático é o de denunciar e tentar superar as condições de marginalização e exclusão impostas a amplos estratos sociais pelo modo de produção capitalista[7]. A contra-hegemonia institui o contraditório no que até então parecia uníssono e estável. Gramsci nos faz ver que a hegemonia não é uma construção monolítica, e sim o resultado das medições de forças entre blocos de classes em dada conjuntura. Pode ser reelaborada e alterada em um longo processo de lutas, contestações e vitórias cumulativas – o que inclui a produção e a difusão de conteúdos contra-hegemônicos. Por mais que instituições e meios de comunicação tentem modelar a opinião pública e desagregar os que contrariam seus intentos, não o conseguem na plenitude. Um determinado momento histórico-social jamais é homogêneo; está atravessado por tensões e focos de resistência que podem ser portadores de contrassentidos e contraideologias[8]. Trata-se de uma concepção dinâmica, que realça argumentações que aprofundem o conhecimento crítico da realidade para transformá-la, de maneira a efetivar "a crítica real da racionalidade e historicidade dos modos de pensar"[9].

A partir das considerações do grande filósofo italiano, não devemos descartar a exploração de brechas e contradições dentro da mídia hegemônica, nem deixar de imaginar e levar adiante projetos jornalísticos alternativos no plano da contra-hegemonia, notadamente os que rejeitam a mercantilização da informação e valorizam "a crítica sempre inquietantemente reveladora, em busca de liberdade, esclarecimento, mais ação, e com certeza não seus opostos". Ao assim

---

[7] Ibidem, p. 314-5.

[8] Antonio Gramsci, *Cadernos do cárcere*, cit., v. 3, p. 65.

[9] Ibidem, v. 1, p. 111.

Agências alternativas em rede e democratização da informação na América Latina

justificar a urgência da crítica, Edward Said[10] admite que não será alcançada facilmente, em função da

> informação pré-fabricada que domina o nosso padrão de pensamento (a mídia, a propaganda, as declarações oficiais e a argumentação político-ideológica destinada a persuadir ou propiciar a submissão, e não a estimular o pensamento e envolver o intelecto).

Mas, ao mesmo tempo, Said nos diz que é dever do humanista "oferecer alternativas agora silenciadas ou indisponíveis pelos canais de comunicação controlados por um pequeno número de organizações de notícias".

Em sentido geral, eis a tarefa da comunicação contra-hegemônica: reivindicar o pluralismo e o valor das histórias e culturas e motivar-nos à reflexão sobre o mundo vivido. É isso que distingue os seres humanos como sujeitos capazes de interferir em seus próprios destinos, vergando a passividade e recusando as razões do mercado como bússolas para a vida social. Assumir a contra-hegemonia como eixo norteador da práxis jornalística "não depende somente de discursos, nem de meios, mas sobretudo de ética, de compreensão real do horizonte emancipador que preconizamos"[11].

Tais formulações encontram eco nos projetos editoriais de agências independentes de notícias que desenvolvem, com estilos e ênfases peculiares, um tipo de jornalismo que leva em conta contextos e circunstâncias histórico-sociais, bem como a diversidade de pontos de vista. Elas se contrapõem às diretivas adotadas por agências transnacionais (Reuters, Associated Press, EFE, France Press), cuja produção globalizada responde por parte substancial do fluxo mundial de informações e lhes assegura lucratividade excepcional graças

---

[10] Edward Said, *Humanismo e crítica democrática* (São Paulo, Companhia das Letras, 2007), p. 95-8.

[11] José R. Vidal, "Comunicación y cultura: notas para un debate", *Revista América Latina en Movimiento,* out. 2009. Disponível em: <http://pt.scribd.com/doc/74838942/AmericaLatina-en-Movimiento-OCTUBRE-2009>.

Dênis de Moraes

à comercialização de análises especializadas e serviços agregados (vários deles em tempo real). Essas organizações emergiram na primeira metade do século XIX, com a expansão do capitalismo, e tiveram sua atividade facilitada pela rede de comunicação criada após o surgimento do telégrafo. Inicialmente, forneciam informações para empresas do setor comercial e financeiro e para órgãos estatais, atingindo a imprensa no final dos anos 1850. Desde então, privilegiam agendas convenientes aos países desenvolvidos – onde ficam suas sedes –, aos agentes econômicos globais e às elites hegemônicas. Decidem que acontecimentos devem ser relatados e conhecidos, funcionando, muitas vezes, como canais universalizadores de valores e mentalidades que reproduzem o *status quo*, ao mesmo tempo em que neutralizam questionamentos e silenciam antagonismos[12]. Para alcançar clientes de todo o mundo, adotam um modelo tecnoprodutivo que garanta máxima velocidade ao fluxo informativo e padronização do produto final (textos e imagens geralmente são transmitidos sem modificações substanciais). Uma agência transnacional se mantém, hoje,

> como uma fábrica de alta rentabilidade orientada para a produção em massa, padronizada, fundamentada na economia de escala – com seu "custo unitário" invariável, sem alterar os gastos envolvidos na apuração, edição e envio, mas sendo a produtividade e o lucro tanto maiores quanto mais clientes houver.[13]

No lado oposto, as agências alternativas inserem-se entre os segmentos da sociedade civil que reclamam um sistema de comunicação pluralista, opondo-se à centralização das informações em torno de

---

[12] Camille Laville, "Agences de presse et chaînes d'information en continu: un mariage de raison", em Aurélie Aubert e Michael Palmer (orgs.), *L'information mondialisée* (Paris, L'Harmattan, 2008).

[13] Pedro Aguiar, *Sistemas internacionais de informação Sul-Sul: do pool não alinhado à comunicação em redes* (Dissertação de Mestrado em Comunicação, Rio de Janeiro, UFRJ, 2010), p. 22.

um número reduzido de corporações[14] e dinastias familiares. Significa entender a comunicação como bem comum e direito humano, que não pode ser apropriado nem distorcido pelas ambições mercantis de grupos econômicos e pretensões particulares.

A tradição da comunicação alternativa na América Latina

Para situar, na linha do tempo, as atuais agências virtuais de notícias, é preciso remarcar que práticas de comunicação alternativa constituem uma tradição cultural da América Latina. Desde a primeira metade do século XX registram-se iniciativas que buscam dar voz a segmentos excluídos ou discriminados pelos grupos monopólicos privados que controlam o setor de mídia. Em fins dos anos 1940, surgiram rádios livres e comunitárias na região. Com baixa potência de transmissão e condições técnicas improvisadas, as emissoras divulgavam, especialmente, o Evangelho e temas educativos, e serviam para promover o desenvolvimento agrícola. A partir daí, aparecem experiências significativas de comunicação participativa, como rádios sindicais, étnicas e "o que conhecemos hoje como rádios comunitárias, que se desenvolveram através de ONGs, associações e nos meios sindicais e religiosos"[15].

---

[14] Os quatro maiores grupos de mídia latino-americanos – Globo, Televisa, Cisneros e Clarín – retêm 60% do faturamento total dos mercados e das audiências, assim distribuídos: Clarín controla 31% da circulação dos jornais, 40,5% da receita da TV aberta e 23,2% da TV paga; Globo responde por 16,2% da mídia impressa, 56% da TV aberta e 44% da TV paga; Televisa e TV Azteca formam um duopólio, acumulando 69% e 31,37% da TV aberta, respectivamente. Martín Becerra e Guillermo Mastrini, *Los dueños de la palabra: acceso, estructura y concentración de los medios en la América Latina del siglo XXI* (Buenos Aires, Prometeo, 2009).

[15] Maria Inês Amarante, *A experiência das redes de rádios comunitárias na América Latina* (Texto apresentado no IV Congreso de la Cibersociedad, 2009). Disponível em: <http://www.cibersociedad.net/congres2009/es/coms/a-experiencia-das-redes-de-radios-comunitarias-na-america-latina/601/>.

Na década de 1950, as rádios comunitárias foram utilizadas nas lutas sindicais e políticas. Na Bolívia, as rádios organizadas e financiadas por sindicatos operários tiveram papel-chave nas mobilizações contra a exploração dos trabalhadores nas minas de estanho, uma das maiores riquezas de exportação. Os espaços físicos das emissoras viraram palco de assembleias comunitárias nas quais se discutiam problemas de interesse público, contribuindo para o processo de mudanças no país que resultaria, mais tarde, na instauração da reforma agrária, do voto universal e da nacionalização da mineração.

Durante a Revolução Cubana em 1959, as transmissões radiofônicas clandestinas foram essenciais à divulgação das estratégias e orientações táticas, atuando como meio de comunicação entre as frentes guerrilheiras lideradas por Fidel Castro, Ernesto Che Guevara e Camilo Cienfuegos e os quartéis-generais revolucionários. Em cada território conquistado, era instalado um emissor. Che Guevara[16] situou como capital a importância da rádio na luta contra a ditadura de Fulgencio Batista:

> No momento em que todos os habitantes de uma região ou de um país ardem na febre dos combatentes, a força da palavra aumenta esta febre e se coloca a cada um dos combatentes. Ela explica, ensina, excita, determina entre amigos e inimigos as futuras posições.

Seis meses após o triunfo da Revolução, surgiu em Cuba uma das pioneiras agências alternativas de notícias: *Prensa Latina*[17]. Propunha-se a "informar sobre o que estava realmente ocorrendo em Cuba e com o propósito de oferecer ao mundo uma visão da realidade latino-americana diferente da que ofereciam os grandes monopólios midiáticos"[18]. Os jornais e agências norte-americanos bombardeavam

---

[16] Citado em Arlindo Machado, Caio Magri e Marcelo Masagão, *Rádios livres, a reforma agrária no ar* (São Paulo, Brasiliense, 1986), p. 96.

[17] Disponível em: <http://www.prensalatina.com.br/>.

[18] "Quem somos. Rapidez, verdade e oportunidade", *Prensa Latina*. Disponível em: <http://www.prensalatina.com.br/index.php?task=viewcat&cat=quienessomos>.

Agências alternativas em rede e democratização da informação na América Latina

a opinião pública internacional com informações distorcidas e tendenciosas contra Cuba, inclusive insuflando os Estados Unidos a utilizarem o seu poderio econômico e militar para isolar e derrubar o governo revolucionário. Em reunião com Fidel Castro, Che Guevara propôs-lhe aplicar US$ 100 mil do dinheiro que sobrara dos bônus do Movimento 26 de Julho, durante a guerrilha contra Batista, na criação de um meio de comunicação que produzisse e distribuísse notícias fidedignas sobre as transformações em Cuba.

Fidel deu o aval a *Prensa Latina* logo após a "Operação Verdade", uma conferência internacional convocada pelo governo para aproximar profissionais de imprensa de diversos países da realidade cubana. A tomada do poder pelos revolucionários na ilha incendiara o imaginário da esquerda latino-americana, despertando o interesse de militantes, jornalistas e intelectuais de conhecer Cuba e verificar de perto o que lá acontecia. "Vocês, jornalistas, querem ajudar os povos? Pois têm uma arma formidável nas mãos: a opinião pública continental. Usem-na e verão como ajudam a redimir os povos e a salvar muitas vidas", conclamou Fidel[19].

Metade da redação, dirigida pelo jornalista argentino Jorge Ricardo Masetti[20], era formada por cubanos e a outra metade por latino-americanos simpáticos à Revolução, entre eles o colombiano Gabriel García Márquez (que viria a ganhar o Prêmio Nobel de Literatura em 1982), os argentinos Rodolfo Walsh e Rogelio Lupo García e o uruguaio Carlos María Gutiérrez. Che incentivou a agência tanto no terreno ideológico quanto na solução de problemas logísticos e de organização. Promovia longas reuniões noturnas com a equipe para

---

[19] Consultar Mario Maniadé, "Operación Verdad, el surgimiento de Prensa Latina", *Unión Latinoamericana de Notícias (Ulan)*, 23 jan. 2012. Disponível em: <http://agencia sulan.org/2012/01/operacion-verdad-el-surgimiento-de-prensa-latina/?utm_source=feedburner&utm_medium=email&utm_campaign=Feed%3A+agenciasulan+%28Ulan%29>.

[20] Masetti cobrira a guerrilha em Sierra Maestra, tendo inclusive entrevistado Che Guevara, então comandante da frente de combate em Santa Clara. Ao regressar à Argentina, escrevera o livro *Os que lutam e os que choram*, sobre o triunfo das forças revolucionárias. Foi Che quem escolheu Masetti para dirigir *Prensa Latina*.

Dênis de Moraes

debater a estratégia informativa a ser seguida[21]. Segundo Masetti, a linha editorial apoiava-se em dois pilares: busca da qualidade da informação e sintonia com o "espírito revolucionário". Para ele, precisão e rapidez eram características essenciais numa agência de notícias: "O jornalista não deve deixar-se levar pelo que lhe disseram, mas constatar pessoalmente a exatidão dos dados presentes em suas crônicas e artigos"[22]. Masetti repetia uma frase para afugentar qualquer tipo de dissimulação a respeito da neutralidade do trabalho jornalístico comprometido com o ideal da emancipação social: "Não se pode ser imparcial entre o bem e o mal."

Como era de se esperar, as agências transnacionais e os principais meios de comunicação latino-americanos hostilizaram a Revolução Cubana e acusaram *Prensa Latina* de favorecer o governo – como se eles próprios não fossem os primeiros a deturpar e mentir sobre o que acontecia em Cuba. Rodolfo Walsh recorda:

> A campanha contra o governo revolucionário alcançou uma intensidade jamais vista na história. United Press e Associated Press, as agências que monopolivam o mercado mundial de notícias, puseram em marcha uma catarata de lixo informativo que dura até hoje [....]. Para contrarrestar na medida do possível esse ataque incessante e implacável, nasceu *Prensa Latina*. [...] Os monopólios informativos reagiram ante a concorrência como todos os monopólios. A guerra desatada contra *Prensa Latina* invocou o pretexto de que era uma agência oficial. *Prensa Latina* era tão oficial quanto United Press, Reuters ou France Presse: não

---

[21] Nunca se sabia quando Che Guevara iria aparecer na redação, como Walsh recordaria anos depois: "Simplesmente aparecia sem avisar... O único sinal da sua presença no prédio eram dois *guajiritos* com o glorioso uniforme da serra. Um ficava perto do elevador e o outro no escritório de Masetti, ambos carregando suas metralhadoras", Walsh, citado em Paco Inacio Taibo II, *Ernesto Guevara, também conhecido como Che* (São Paulo, Expressão Popular, 2008), p. 294.

[22] Em 16 de junho de 1959, *Prensa Latina* transmitiu seu primeiro boletim de notícias direto de Havana. Expandiu-se rapidamente, chegando a ter correspondentes em 26 países da América, Europa, África e Ásia. Jorge Ricardo Masetti, citado por Enrique Arrosagaray, *Rodolfo Walsh en Cuba. Agenda Prensa Latina, militancia, ron y criptografía* (Buenos Aires, Catálogos, 2004), p. 109.

há no mundo uma agência que não responda aos interesses de um estado nacional, ou de um grupo monopolista estreitamente vinculado a esse estado. A diferença consiste em que os países dominantes do mundo ocidental proíbem esse luxo aos países dependentes.[23]

O clima de efervescência revolucionária e as mobilizações anti-imperialistas inspiraram outras iniciativas de comunicação nos anos 1960 e 1970. Enquanto a mídia corporativa se tornava sustentáculo ideológico das ditaduras militares na região, apareciam projetos de comunicação contra-hegemônica ligados aos setores populares e à resistência político-cultural. O caráter alternativo dessas experiências tinha a ver com uma teoria e uma práxis "simultaneamente orientadas para a denúncia do sistema capitalista transnacional – e sua personificação no imperialismo cultural – e do autoritarismo político, tanto das ditaduras como dos governos latino-americanos"[24].

Diversas correntes do pensamento da esquerda influenciaram à época a comunicação crítica latino-americana, dentre as quais devemos sublinhar a Teoria da Dependência, a pedagogia elaborada pelo educador brasileiro Paulo Freire e a Teologia da Libertação. A Teoria da Dependência, formulada nos anos 1960 por intelectuais como Theotonio dos Santos, Fernando Henrique Cardoso, André Gunder Frank e Ruy Mauro Marini, denunciava a dependência econômica da América Latina aos países ricos, especialmente os Estados Unidos, e criticava a dominação cultural e o modo de vida norte-americano, tendo sido fonte inspiradora de projetos de comunicação alternativa

---

[23] Rodolfo Walsh, *Ese hombre y otros papeles personales* (Buenos Aires, Ediciones de la Flor, 2007). A fala de Masetti é transcrita do editorial "O acordo Inverta-Prensa Latina", Inverta, n. 374, 15 jun. 2009. Disponível em: <http://inverta.org/jornal/edicao-impressa/374/editorial>. Masetti e quase toda a equipe inicial deixaram *Prensa Latina* em 1961, por desacordo com a ingerência de dirigentes do Partido Comunista na formulação editorial, fato que também levou Che Guevara a afastar-se da agência. Apesar de ser um veículo estatal, que prioriza agendas, valores e visões do governo cubano, *Prensa Latina* se projetou como referência histórica no quadro geral da resistência aos monopólios de informação.

[24] Rosario Sánchez, "Monopolio de la palabra y disputa de sentido", 2009. Disponível em: <http://www.cecies.org/articulo.asp?id=233>.

Dênis de Moraes

e anti-imperialista. A opção preferencial pelos pobres e excluídos feita por setores progressistas da Igreja Católica que pregavam a Teologia da Libertação, em comunhão com a pedagogia de Freire, favoreceu o desenvolvimento das Comunidades Eclesiais de Base no Brasil, que se engajaram no combate ao analfabetismo e em uma nova prática comunicacional – as rádios populares.

Outro passo marcante na tentativa de subverter o fluxo informativo hegemônico teve início em 1964 com a criação da agência Inter Press Service (IPS)[25], fruto de uma associação entre jornalistas latino-americanos e europeus que pretendiam difundir em âmbito global notícias dos países do Sul sob uma perspectiva própria das nações. Correspondente da agência no Brasil desde 1980, Mario Osava lembra que o foco mais específico da IPS na América Latina durou quase três décadas, mas a "visão terceiro-mundista a levou a uma expansão aos outros continentes", divulgando notícias relacionadas a desenvolvimento, direitos humanos, democratização, meio ambiente, saúde, educação, cultura e gênero em 150 países, inclusive regiões ignoradas ou só abordadas em momentos de crise ou de emergências, como boa parte da África[26].

O fértil período vivido pela imprensa alternativa brasileira nos anos 1970 e 1980 também merece ser destacado neste breve histórico. A partir do golpe militar de 1964, a censura aos meios de comunicação passou a ser uma prática no Estado, tendo se intensificado com a decretação do Ato Institucional 5, em 13 de dezembro de 1968, que significou a fascistização do regime. Dezenas de jornais de oposição constituíram no país uma imprensa alternativa que, embora possuísse vertentes, mantinha a característica fundamental de se posicionar contra a ditadura. A maior parte dos grandes jornais apoiou o regime militar, por convicção e/ou por interesses econômicos e políticos, e a imprensa alternativa representada pelos pequenos jornais, em geral com formato tabloide, tentava analisar corajosa e criticamente

---

[25] Disponível em: <http://www.ips.org>.

[26] Entrevista concedida por Mario Osava em 14 jun. 2010.

a realidade, contestando o modelo de desenvolvimento excludente e o sistema repressivo. São exemplos *PIF-PAF* (1964), *Pasquim* (1969), *Opinião* (1972), *EX* (1973), *Movimento* (1975), *Coojornal* (1975), *Versus* (1974), *De Fato* (1975), entre outros. A ampla maioria se solidarizava com as causas democráticas, buscando furar o bloqueio imposto pelas censuras governamental e empresarial (mecanismos de controle interno que impediam a circulação de informações que pudessem contrariar o regime militar e afetar as conveniências dos grupos de mídia). As publicações sobreviviam com contribuições voluntárias e campanhas de assinaturas, já que as vendas em bancas eram enormemente dificultadas pelas pressões exercidas pelo órgãos de segurança do regime sobre os distribuidores. A despeito dos obstáculos, a imprensa alternativa foi fundamental na defesa das liberdades democráticas e nas campanhas pela anistia dos opositores da ditadura e pela convocação da Assembleia Constituinte.

Dois expoentes da imprensa alternativa na América Latina foram as revistas *Marcha* (Uruguai) e *Crisis* (Argentina), herdeiras de toda uma tradição de publicações no Cone Sul, sobretudo depois dos anos 1960, com o *boom* da literatura latino-americana em âmbito internacional. Essas revistas, alinhadas a ideais emancipatórias, constituíram "um modo de intervenção especialmente adequado aos perfis daquela época e da relação programaticamente buscada entre cultura e política como um modo de pensar a militância no plano cultural"[27].

Fundado em 1939 pelo jornalista e historiador Carlos Quijano, *Marcha* alcançou maior projeção na década de 1960, sob a direção de Eduardo Galeano. Reunia colaboradores de alto nível, como Juan Carlos Onetti, Mario Benedetti, Jorge Luis Borges, Juan Rulfo e Rodolfo Walsh. Publicou artigos e entrevistas de Che Guevara, Salvador Allende e Pablo Neruda. Foi abrigo para que exilados brasileiros (como João Goulart, Leonel Brizola, Darcy Ribeiro, Celso Furtado e Francisco Julião) pudessem discutir a cena política pós-golpe militar de 1964. Teve 1.676

---

[27] Claudia Gilman, *Entre la pluma y el fusil: debates y dilemas del escritor revolucionario en América Latina* (Buenos Aires, Siglo XXI, 2003), p. 77.

Dênis de Moraes

edições até ser proibido de circular em fevereiro de 1974 pela ditadura instalada no país em 27 de junho do ano anterior.

Galeano, Quijano e Onetti foram presos e processados. Ao serem postos em liberdade condicional, Galeano exilou-se em Buenos Aires, Quijano no México e Onetti na Espanha. Em parceria com amigos jornalistas e escritores argentinos, Galeano criou a revista cultural mensal *Crisis*, da qual foi editor-chefe. O objetivo era demonstrar que a cultura popular existia, tinha força própria e era capaz de expressar uma memória coletiva vinculada à realidade social. A revista, que teve como secretário de redação Aníbal Ford, contou com nomes como Julio Cortázar, Ernesto Sábato, Pablo Neruda, Carlos Drummond de Andrade, Juan Gelman, João Guimarães Rosa, Ricardo Piglia, Haroldo Conti e Mario Benedetti, entre outros. Foram quarenta números, chegando a vender 50 mil exemplares em 1975. A ditadura genocida que tomou o poder em 24 de março de 1976 e a crise econômica asfixiaram *Crisis*, que foi obrigada a encerrar suas atividades em agosto daquele ano[28].

Na resistência à ditadura argentina sobressaiu a Agência de Notícias Clandestina (Ancla), ligada ao Departamento de Informações e Inteligência de Montoneros, organização de oposição armada. Idealizada e dirigida por Rodolfo Walsh, a Ancla começou a atuar no primeiro semestre de 1976. A meta era romper com a censura e o noticiário favorável ao regime militar, especialmente dos jornais *Clarín* e *La Nación*. Em um ano, a agência enviou clandestinamente duzentos boletins a meios de comunicação de vários países sobre os desmandos econômicos que afogavam o país em um dos períodos de maior exclusão social de sua história, além de denunciar seques-

---

[28] Informados de que Haroldo Conti fora sequestrado pela repressão, jornalistas da revista decidiram fugir ou passar à clandestinidade. Um grupo liderado por Aníbal Ford fechou a redação e, sem saber como conter a emoção, atirou a chave nas águas turvas do Río de la Plata. Galeano partiu às pressas para mais um exílio, desta vez na Espanha. "Enquanto durou, *Crisis* soube ser um teimoso ato de fé na palavra solidária e criativa, aquela que não é e nem finge ser neutra, a voz humana que não é eco nem soa só por soar", Eduardo Galeano, *O livro dos abraços* (Porto Alegre, L&PM, 2005), p. 262-3.

Agências alternativas em rede e democratização da informação na América Latina

tros, torturas e assassinatos de opositores. Em março de 1977, depois de divulgar a "Carta à Junta Militar", sobre o clima de terror vigente no país, Rodolfo Walsh foi assassinado por agentes da repressão em uma emboscada na periferia de Buenos Aires. Restaram à Ancla poucos meses de existência, até que vários de seus integrantes tiveram que ir para o exílio ou sobreviver na clandestinidade.

Outra referência continental no campo da imprensa alternativa foi a Agência Latino-Americana de Informação (Alai)[29], fundada em 1977, em Montreal, por um grupo de jornalistas latino-americanos que se exilaram no Canadá. A meta inicial era propagar as lutas democráticas e a atuação dos setores populares da América Latina, informações negligenciadas pelas grandes agências. Anos depois, já instalada em Quito, Equador, a agência liderou a construção de uma rede de publicações alternativas e entidades afins num momento em que a internet ainda não estava disseminada. "Já vínhamos trabalhando com a lógica de redes, antes de elas estabelecerem conexões virtuais globais. Redes no sentido não de uma formalidade estrutural, mas justamente de fluxos, de inter-relações, articulações fluidas", explica a editora Sally Burch[30].

A virada antineoliberal e o jornalismo em rede

Com o desenvolvimento de tecnologias digitais, houve dois marcos históricos para o aproveitamento da internet na difusão de causas sociais e populares: a utilização da rede pelo Exército Zapatista de Libertação Nacional (EZLN) em Chiapas, sul do México, nos idos de 1994, e as manifestações contra a globalização neoliberal em Seattle, cidade norte-americana que sediou, em dezembro de 1999, a Rodada do Milênio, realizada pela Organização Mundial do Comércio (OMC). As mobilizações pela rede mundial de computadores acentuaram-se

---

[29] Disponível em: <http://alainet.org/>.
[30] Entrevista concedida por Sally Burch, 19 abr. 2012.

Dênis de Moraes

a partir de 2000. Agências independentes distribuíam, pelos quatro quadrantes, materiais noticiosos sobre atos públicos contra as reuniões do Fundo Monetário Internacional, Banco Mundial e G-8. A web foi valiosa na preparação dos eventos, através de correio eletrônico, boletins, listas de discussão e fóruns, bem como na sua divulgação em tempo real, com pouca burocracia e um mínimo de hierarquia[31].

Os militantes antiglobalização identificaram na rede "um espaço particularmente adaptado à construção de novas formas de mobilização e de engajamento", convencendo-se de que os recursos da internet "poderiam ser mobilizados ao mesmo tempo como suportes de coordenação, meios de informação e modalidades de ação através do novo repertório de ação do ciberativismo"[32]. Os "grupos ativistas da técnica", como os qualifica Serge Proulx[33], politizam o uso das tecnologias na medida em que recorrem a conexões infoeletrônicas para difundir informações, posicionamentos e valores fora da bitola das elites hegemônicas. Superam, assim, a estreita interpretação de que as técnicas pertencem à razão instrumental capitalista, provando que podem servir a propósitos contra-hegemônicos. "Esses ativistas elaboram um conjunto de representações sociais que definem a técnica como um lugar possível para ancorar uma nova atitude política emancipadora", acrescenta Proulx.

A repercussão internacional motivou a organização de redações compartilhadas para trocas constantes de informação por *copyleft*. Formaram-se *pools* de jornalistas – a maioria jovens – para coberturas do Fórum Social Mundial e de protestos contra o neoliberalismo. A

---

[31] Outra articulação pioneira foi conduzida pela Alai. No final dos anos 1980, a agência formou uma associação com outras instituições e com o provedor brasileiro Alternex para dialogar com o governo do Equador e impulsionar a criação do primeiro serviço de correio eletrônico no país. A etapa seguinte foi a lista Alai-AmLatina, em 1991, que passou a ser um meio de difusão independente e de entrosamento com organizações sociais que quisessem trabalhar em rede.

[32] Dominique Cardon e Fabien Granjon, *Médiactivistes* (Paris, Presses de Sciences Pro, 2010), p. 85-6.

[33] Serge Proulx, *Les groupes activistes de la technique, une militance de l'ère numérique*. Conferência no "Colloque Cultures libres, innovations en réseau: le logiciel libre comme phénomène technique et social", Universidade de Quebec, Montréal, set. 2007.

produção jornalística em rede tornou-se, então, parte do espaço comum de pertencimento e colaboração entre os participantes de grupos e coletivos envolvidos, com base em modos flexíveis de organização das atividades e tarefas[34]. Geralmente, esses coletivos estruturam-se de forma não hierárquica e adotam dinâmicas de autogestão, decisões compartilhadas e práticas cooperativas. Estabelecem ligações e permutas que se estendem à organização de eventos e à criação de plataformas de ação conjunta. Para isso, recorrem a contatos e articulações pela internet e em confluências com mídias digitais móveis, que aceleram processos de envio, recepção e compartilhamento de dados, sons e imagens. Esse tipo de trabalho em rede, segundo André Gorz[35], reforça o "processo de entendimento comunicativo geral, que todos os envolvidos experimentam como seu poder comum e cujos resultados não admitem propriedade". O sistema cooperativo contraria a obsessão capitalista de tirar proveito em trocas lucrativas na medida em que o interesse básico é gerar ideias que traduzam entendimentos críticos e percepções diferenciadas. As ações colaborativas reforçam o intuito dos jornalistas e ativistas de contribuir para que suas comunidades de interesses e os movimentos e grupos sociais com os quais se relacionam ou se sintam solidários no plano político disponham de acesso a informações mais confiáveis, já que são produzidas e distribuídas à margem e em ruptura com o quadro de referências da mídia corporativa[36].

Nas últimas duas décadas, a comunicação alternativa em rede ganhou mais ímpeto na América Latina com a atmosfera de mudanças políticas, econômicas e socioculturais promovidas por governos eleitos com as bandeiras da justiça social e da inclusão das massas

---

[34] Dênis de Moraes, "Ativismo em rede: comunicação virtual e contra-hegemonia", em *A batalha da mídia* (Rio de Janeiro, Pão e Rosas, 2009).

[35] André Gorz, *O imaterial: conhecimento, valor e capital* (São Paulo, Annablume, 2005), p. 68.

[36] Chris Atton, *Alternative media* (Londres, Sage, 2002), p. 212. E Benjamin Ferron, "Le journalisme alternatif entre engagement et distanciation", em Sandrine Lévêque e Denis Ruellan (orgs.), *Journalistes engagés* (Rennes, Presses Universitarires de Rennes, 2010), p. 110.

Dênis de Moraes

nos processos de desenvolvimento[37]. Essas mudanças se originaram de mobilizações populares contra a degradação da vida social durante décadas de hegemonia do neoliberalismo. As políticas econômicas submissas ao chamado Consenso de Washington e ao capital financeiro internacional aprofundaram a concentração de renda e o desemprego; desnacionalizaram e privatizaram setores estratégicos; enfraqueceram o papel estratégico do Estado; e suprimiram direitos trabalhistas e previdenciários. As reações nas cidades, no campo e nas urnas foram respostas contundentes ao agravamento da pobreza, indicando que a maioria dos habitantes desejava interromper a reprodução do círculo vicioso da exclusão.

Pela primeira vez no continente, legislações e políticas públicas intentam reestruturar os sistemas de comunicação com uma divisão equitativa entre os três setores envolvidos – o estatal/público, o privado/lucrativo e o social/comunitário –, ao mesmo tempo fomentando a produção audiovisual independente e os meios não submetidos à lógica da mercantilização. As recentes leis e medidas antimonopólicas introduzidas em países como Argentina, Venezuela, Bolívia, Equador e Uruguai sintonizam-se com o direito humano à comunicação livre e plural. Tais iniciativas enfrentam ferozes campanhas opositoras das corporações midiáticas e elites conservadoras, que rejeitam a regulação democrática da radiodifusão sob concessão pública, temendo perder privilégios, influência política e lucros exorbitantes[38].

---

[37] Refiro-me aos governos de Hugo Chávez na Venezuela (1998), Luiz Inácio Lula da Silva e Dilma Rousseff no Brasil (2002 e 2010), Néstor e Cristina Kirchner na Argentina (2003 e 2007), Tabaré Vázquez e José Mujica no Uruguai (2004 e 2010), Evo Morales na Bolívia (2005), Michelle Bachelet no Chile (2005), Rafael Correa no Equador (2006), Daniel Ortega na Nicarágua (2006) e Fernando Lugo no Paraguai (2008-2012).

[38] Desenvolvo a análise sobre transformações políticas, socioeconômicas, culturais e comunicacionais em países da América Latina no meu livro *Vozes abertas da América Latina: Estado, políticas públicas e democratização da comunicação* (Rio de Janeiro, Mauad, 2011).

Agências alternativas em rede e democratização da informação na América Latina

Emergência e expansão das agências alternativas

Estimulados pelas possibilidades abertas pelo cenário de transformações tecnológicas e pelas providências de governos empenhados em combater a concentração da mídia, jornalistas, ativistas, produtores culturais e intelectuais vêm ampliando experiências contra-hegemônicas em rede, entre as quais sobressaem as das agências alternativas de notícias em pelo menos dez países latino-americanos (Argentina, Bolívia, Brasil, Chile, Colômbia, Equador, México, Peru, Uruguai e Venezuela). A instantaneidade, a transmissão descentralizada, a abrangência global, a rapidez e o barateamento de custos tornaram-se vantagens ponderáveis para o desenvolvimento de um modo de produção que se assenta em rotinas de criação virtual sem correspondência nas engrenagens de industrialização da notícia e sem subordinação aos crivos editoriais da mídia corporativa. A seguir, abordaremos compromissos e práticas editoriais de tais veículos.

Princípios editoriais e agendas temáticas
Os pontos de convergência entre as agências são, basicamente, dois: a) a exploração dos espaços proporcionados pela ambiência descentralizada e os baixos custos de difusão da rede para instituir outras dinâmicas noticiosas, mais participativas e não mercantilizadas; b) a responsabilidade que assumem com a causa da democratização da informação e do conhecimento. Não significa que as metas sejam alcançadas linearmente. Pelo contrário, notam-se maneiras diferenciadas de traduzir os objetivos gerais, como também graus oscilantes de autonomia editorial – desde os alinhamentos com a esfera estatal (caso de Aporrea[39], na Venezuela, em relação ao governo de Hugo Chávez) até manifestações de coletivos jornalísticos que se organizam por questões específicas (gênero, como a mexicana

---

[39] Disponível em: <http://www.aporrea.org/>.

Dênis de Moraes

Cimac[40], voltada aos direitos das mulheres; e etnia, como a chilena Azkintuwe[41], que defende os povos originários, em especial o mapuche). Sem falar em formas de expressão e linguagens peculiares, bem como na variedade temática: política, economia, direitos humanos, meio ambiente, habitação, reforma agrária, assuntos sindicais e trabalhistas etc.

A visão de que a mídia hegemônica não retrata adequadamente a realidade social da América Latina, colocando, muitas vezes, seus interesses econômicos, políticos e corporativos acima do bem coletivo, é compartilhada pela ampla maioria das agências pesquisadas. Elas centram-se na divulgação de reivindicações dos movimentos sociais e comunitários, funcionando como um contraponto aos meios corporativos e valorizando a informação veraz e a pluralidade de opiniões. Por isso a preocupação não apenas de apontar incongruências, limitações ou distorções na mídia, como também de diversificar enfoques e agendas informativas.

A diretriz editorial da Alai aponta "para a conformação de um novo tecido comunicacional, democrático, amplo, descentralizado e pluricultural, em sintonia com os processos de transformação social"[42]. A prioridade, de acordo com Sally Burch, é entender a realidade latino-americana e os grandes fenômenos mundiais, como as crises econômica, civilizatória, ambiental, alimentar, energética etc. Para isso, difundem-se artigos interpretativos que ajudem o leitor a descobrir o que está por trás das notícias veiculadas pela mídia corporativa.

A Alai é responsável pela Minga Informativa dos Movimentos Sociais[43], uma rede virtual formada por coordenações de movimentos sociais que vê a comunicação como algo estratégico para impulsionar ações coletivas. A Minga surgiu no final dos anos 1990 em

---

[40] Disponível em: <http://www.cimacnoticias.com.mx/>.

[41] Disponível em: <http://www.azkintuwe.org/>.

[42] A missão e as atividades da Alai estão detalhadas em: <http://alainet.org/quienes-somos.phtml>.

[43] Disponível em: <http://movimientos.org/>.

Agências alternativas em rede e democratização da informação na América Latina

oficinas onde a Alai conscientizava movimentos sociais sobre a importância da comunicação e das novas tecnologias. Seu portal promove intercâmbios informativos entre eles, constituindo-se numa espécie de plataforma virtual para o ativismo social. O trabalho da Minga se baseia na lógica da cooperação para "dar uma resposta prática à necessidade de se alcançar maior fluidez informativa e incidir com voz própria, destacando o protagonismo dos movimentos sociais sem se submeter ao que os meios de comunicação dizem"[44].

Boa parte das agências alternativas atua em prol de causas específicas. Sob o lema "Todos podemos romper o cerco midiático", a colombiana *Prensa Rural*[45] divulga, sobretudo, as atividades de organizações camponesas, afro-colombianas e indígenas. Fundada em 2003, pretende driblar "a censura imposta pelo Estado colombiano e pelos grandes meios de comunicação às organizações sociais das regiões onde há conflito social, político e armado pela terra". Um de seus ideais é revelar o que ocorre no mundo rural colombiano e as graves violações dos direitos humanos cometidas por agentes estatais, grupos paramilitares e organizações guerrilheiras no país. A agência Azkintuwe, que defende os povos originários indígenas do Chile, se propõe a disseminar "os valores do multiculturalismo no tratamento da informação, com o objetivo de influenciar os meios de comunicação, em outros setores sociais e na opinião pública em geral". Seu portal, com atualizações diárias, denuncia a criminalização do povo mapuche, as arbitrariedades policiais e ações de grupos armados a mando de grandes proprietários rurais que querem desalojá-lo de suas terras. Já a Agência de Notícias sobre Infância de Tucumán

---

[44] São publicadas íntegras de manifestos e declarações de entidades e grupos sociais latino-americanos, bem como matérias que permitem ao leitor acompanhar a atuação de diversas organizações camponesas, indígenas, sindicais, ecológicas, entre outras. Ver Eduardo G. Tamayo, "Globalización, comunicación y movimientos sociales", 29 nov. 2005. Disponível em: <http://www.movimientos.org/foro_comunicacion/show_text.php3?key=5932>.

[45] O noticiário de *Prensa Rural* sobre a reforma agrária e os conflitos pela terra é retransmitido diariamente pela La Marcha Radio AM, pelo jornal *Tierra* e pelas revistas *Prensa Rural* e *La Marcha*. Mais detalhes em: <http://prensarural.org>.

(Anita)[46], da Argentina, vinculada ao Colectivo de Educación Popular Abrojos, se propõe a tratar das questões da infância e da adolescência sem os recortes negativos adotados por veículos tradicionais (violência urbana, sexualidade precoce, indisciplina escolar, envolvimento com drogas). "Podemos contar outras histórias sobre crianças, em que não sejam sempre objeto de relatos forçados dos adultos e onde não prevaleçam o estereótipo e a obviedade", explica o editor Emanuel Gall. No site, é possível encontrar matérias, fotografias, depoimentos, entrevistas e vídeos sobre direitos da infância, além de um boletim radiofônico. Uma vez por semana, Anita distribui um informativo eletrônico a comunicadores, membros de organizações não governamentais e organismos públicos, procurando também sensibilizar jornalistas de outros veículos para que debatam o tema com visão crítica.

Já a mexicana Comunicación e Información de la Mujer (Cimac) atua pela autonomia feminina e pela igualdade entre homens e mulheres. A agência foi fundada em 1988 por um grupo de jornalistas que trabalhava na "Doblejornada", publicação feminista do jornal *La Jornada*. Durante cinco anos elas percorreram o México em busca de pessoas que aceitassem pensar e participar do projeto, cujo principal objetivo é "contribuir com a construção de um jornalismo com perspectiva de gênero e uma sociedade igualitária, justa e democrática"[47]. Mesmo após vinte anos de existência da Cimac, sua diretora, Lucía Lagunes, acredita que mostrar as mulheres como protagonistas da história continua sendo uma grande batalha. "O tema das mulheres ainda não é prioridade nos meios de comunicação. Somos cidadãs que não têm direito a voz de maneira permanente, não estamos no imaginário, nem na dinâmica cotidiana da mídia"[48]. Ao longo dos anos, Cimac montou redes

---

[46] Disponível em: <http://www.agencia-anita.com.ar/>.

[47] A missão da Cimac está detalhada em: <http://www.cimac.org.mx/secciones/quienes.html>.

[48] Entrevista de Lucía Lagunes a Argelia V. López, "El tema de las mujeres en los medios de comunicación sigue siendo una batalla que hay que dar permanentemente", *AmecoPress*, 19 set. 2007. Disponível em: <http://amecopress.net/spip.php?article372>.

Agências alternativas em rede e democratização da informação na América Latina

de jornalistas que produzem e disseminam informações sobre a condição social das mulheres em países como México, Estados Unidos, Canadá, América Central e Caribe. Recebe em média 35 mil visitas por dia e tem parcerias com setenta veículos que republicam suas matérias. Seu Centro de Documentação, Comunicação e Informação da Mulher reúne um acervo de mais de 25 mil documentos bibliográficos e audiovisuais que narram o papel das mulheres na história.

Configurar-se como espaço informativo no qual movimentos sociais sejam retratados como atores das mudanças é uma das metas de *Brasil de Fato*[49], tanto em sua versão impressa como na web, onde funciona como uma agência de notícias. Baseado no entendimento de que parcela ponderável dos meios de comunicação discrimina ou ignora reivindicações populares, seu editor, Nilton Viana, sustenta que a tarefa de entidades sociais e de partidos de esquerda é brigar pela democratização da comunicação e fortalecer os meios contra-hegemônicos. Entre os fundadores do *Brasil de Fato* em 2003, estavam o Movimento dos Trabalhadores Rurais Sem Terra (MST) e a Via Campesina e Pastorais Sociais. Para Viana, "se não enfrentarmos a ditadura midiática não haverá avanços na democracia e nas lutas dos trabalhadores por uma vida mais digna e pela superação da barbárie capitalista"[50]. O jornalista e colaborador Leandro Uchoas aponta que *Brasil de Fato* não se restringe a ceder espaço a setores da sociedade que não conseguem expressar-se através da mídia corporativa. "O objetivo é dar vazão a essas posições políticas e tentar disputar a sociedade, disputar a maneira como as pessoas leem uma determinada conjuntura e como se posicionam politicamente diante dessa conjuntura."[51] Isto fica evidente quando *Brasil de Fato* se propõe a influenciar a opinião pública sobre a necessidade de o país realizar a reforma agrária. São ouvidas lideranças do MST e da Via Campesina, repre-

---

[49] Disponível em: <http://www.brasildefato.com.br/>.

[50] Ver Eduardo Tamayo G. e Gissela A. Caicedo, "Comunicación, movimientos y políticas públicas", *América Latina en Movimiento*, 1 nov. 2007. Disponível em: <http://alainet.org/active/20445&lang=es>.

[51] Entrevista concedida por Leandro Uchoas em 15 set. 2011.

sentantes do governo e especialistas. Reportagens, entrevistas e artigos focalizam conflitos, desigualdades sociais e ações predatórias de proprietários rurais, latifundiários, magnatas do agronegócio e grupos econômicos nacionais e estrangeiros que devastam as florestas e arruínam o equilíbrio ambiental, sobretudo na Amazônia. As críticas à inércia dos governos Dilma Rousseff e Lula em relação à reforma agrária são constantes, bem como a defesa dos direitos indígenas e as denúncias sobre más condições de trabalho no campo.

A Agência de Informação Frei Tito para América Latina (Adital)[52], com sede em Fortaleza, foi criada em 2001, à época do primeiro Fórum Social Mundial de Porto Alegre, por Frei Betto e pelo padre e comunicador italiano Ermanno Allegri. Segundo Allegri, "entendendo o neoliberalismo como pacto entre os donos do dinheiro e dos meios de comunicação e as forças políticas hegemônicas", Adital quer "informar, veicular e multiplicar ações amplas e articuladas entre iniciativas sociais, desmascarando o conglomerado de poder dominante e priorizando o que se realiza na construção do bem comum e da solidariedade"[53]. A agência destaca a agenda social latino-americana e caribenha, fundamentada em pautas de movimentos sociais. Na seção de entrevistas, predominam temas referentes à distribuição de renda e riqueza e à soberania nacional. Já na editoria de movimentos sociais, há dezoito subseções, entre elas economia solidária, comunicação, meio ambiente, negros, questão agrária e povos indígenas. Outra seção atualizada quase diariamente é a que se subdivide em diversidade sexual, feminicídio, gênero, mulheres e tráfico de pessoas. A coordenadora Conceição Rosa de Lima ressalva que a Adital não deseja ser intérprete ou porta-voz de entidades e organizações, "que são porta-vozes de si mesmos", e sim evidenciar suas atividades, propostas e mobilizações[54].

---

[52] Disponível em: <http://www.adital.com.br/>.

[53] Entrevista de Ermanno Allegri a Sérgio Ferrari, "Apostamos a la democratización total de la comunicación", *Adital*, 11 jan. 2013.

[54] Entrevista concedida por Conceição Rosa de Lima em 29 abr. 2010.

Agências alternativas em rede e democratização da informação na América Latina

Rebelarte[55], do Uruguai, fundada em março de 2006, é um coletivo de fotógrafos que acredita que trabalhar com imagens constitui uma forma peculiar de intervir diretamente no mundo social, "de contribuir com as lutas das quais somos parte através da [lente] objetiva de nossas câmeras"[56]. Os "militantes com câmera", como gostam de ser chamados, cobrem atos promovidos por movimentos populares e depois editam de vinte a trinta fotos no site. Segundo Santiago Mazzarovich, um dos editores de Rebelarte, a postura militante predomina no coletivo, o que não exclui o cuidado estético: "Não queremos usar fotos com *flash*, buscamos saídas criativas. Entretanto, também temos fotos que não são grandes obras do ponto de vista da composição e da técnica, mas que são fortes ferramentas de denúncia". A ideia do trabalho compartilhado estende-se à autoria coletiva das fotos, e os fotógrafos usam pseudônimos para dar créditos às imagens postadas. "Fazemos isso com a intenção de que fique claro que o Rebelarte é um coletivo de fotografia militante e não uma via para fazer uma carreira privada ou para desenvolver-se como fotógrafo na carreira profissional"[57]. Registram-se mobilizações de todo tipo: por mais investimentos em educação, punição para crimes de ditaduras militares, direitos trabalhistas, reforma agrária, contra homofobia, discriminações sexuais e raciais etc. As imagens editadas no site vêm sempre acompanhadas de textos curtos que explicam em que circunstâncias foram captadas, quais os organizadores, que causas defendem os manifestantes. Rebelarte faz coberturas fotográficas de causas sociais em várias partes do mundo (Chile, Espanha, Palestina, Alemanha, Uruguai, México, Colômbia, Venezuela, Cuba, Brasil, Paraguai), realizadas por agências e coletivos que se estruturam em moldes semelhantes, com os respectivos

---

[55] Disponível em: <http://www.rebelarte.info/>.

[56] O texto completo pode ser acessado em: <http://www.rebelarte.info/spip.php?article1>.

[57] Entrevista de Santiago Mazzarovich a Magdalena Gutiérrez, no programa *FotogramaTV*, Montevidéu, 7 dez. 2011. Disponível em: <http://www.youtube.com/watch?feature=player_embedded&v=pljFXfAz6HE#!>.

Dênis de Moraes

créditos às fontes originais. Essas práticas traduzem firme recusa à comercialização de imagens levadas a efeito por agências comerciais.

As agências radiofônicas, utilizando tecnologias de transmissão digital na web, facultam acesso a um grande volume de arquivos de áudio (boletins informativos, reportagens, entrevistas) sobre assuntos com escassa repercussão na mídia tradicional: defesa dos direitos humanos, proteção do meio ambiente e dos bens comuns, democratização da comunicação (especialmente no tocante às rádios comunitárias), imigração e conflitos trabalhistas. A proposta da brasileira Radioagência NP[58] é difundir material com boa qualidade técnica e conteúdos que possam ser retransmitidos integralmente por emissoras de rádio e web mídias. A agência toma para si o desafio de produzir contrainformação, no sentido de desmascarar abordagens tendenciosas dos meios tradicionais: "Nós selecionamos fatos tratados com determinado olhar pela grande mídia e damos outra visão, para que as pessoas possam ter conhecimento do que realmente está acontecendo", explica o jornalista Danilo Augusto[59].

Por seu turno, a agência informativa Pulsar[60], sediada em Buenos Aires, Argentina, lidera uma rede de agências radiofônicas criada pela Associação Mundial de Rádios Comunitárias, região América Latina e Caribe (Amarc-ALC), da qual faz parte a Pulsar Brasil[61]. Um número expressivo de rádios livres e comunitárias reproduz seus noticiários e boletins sonoros, que ficam disponíveis on-line ou arquivados no site. Segundo a jornalista Luiza Cilente, o compromisso editorial é "trabalhar com essas rádios com pautas sempre voltadas para os interesses dos movimentos sociais"[62]. Há algumas distinções na escolha dos temas, em função das realidades de cada país. A Pulsar argentina foi fundada em 1995 e a brasileira surgiu dez anos

---

[58] Disponível em: <http://www.radioagencianp.com.br/>.

[59] Entrevista concedida por Danilo Augusto em 22 jun. 2010.

[60] Disponível em: <http://www.agenciapulsar.org/>.

[61] Disponível em: <http://www.brasil.agenciapulsar.org/>.

[62] Entrevista concedida por Luiza Cilente em 18 mar. 2010.

Agências alternativas em rede e democratização da informação na América Latina

depois. Naquele momento, o carro-chefe da radioagência era a tradução para o português dos conteúdos da Pulsar argentina. Depois, passou a editar os materiais liberados por entidades e outras agências alternativas brasileiras. A histórica e repulsiva perseguição a rádios comunitárias faz com que sejam muito frequentes as denúncias sobre fechamentos de emissoras e a apreensão de equipamentos. Pulsar Brasil apoia campanhas de arrecadação de fundos para emissoras com problemas de sustentabilidade e defende uma legislação de radiodifusão que assegure condições equitativas entre emissoras comerciais, públicas e comunitárias.

A produção multimídia e colaborativa

Há uma série de convergências na utilização de formatos e linguagens proporcionados pelo ecossistema da internet, com a finalidade de desenvolver dinâmicas multimídias em rede. Nesse sentido, cumpre salientar o aproveitamento pelas agências alternativas de recursos audiovisuais (blogs, vídeos, arquivos sonoros, avisos instantâneos por rss, páginas *wiki*, plataformas php, tecnologia flash, mensagens de atualização em celulares), canais digitais (web tvs e web rádios acessíveis por *streaming*) e intercâmbio de áudios e vídeos. Emprega-se sempre *software* livre, ferramenta indispensável para viabilizar os novos tipos de veiculação, na medida em que incentiva a produção e a circulação social de conhecimentos, sem a exigência de se pagar *royalties* pelas patentes. A tecnologia *streaming* tem sido largamente aplicada para comprimir os arquivos e tornar mais leve e rápida a execução de canais de áudio e vídeo.

Radioagência NP, Pulsar Brasil e Radio Mundo Real[63] inovam com suas modalidades de web rádio. Após a apuração das matérias, as equipes editam os arquivos sonoros e elaboram pequenas notas a respeito, postando-os a seguir no site. Depois encaminham, por e-mail, dois boletins eletrônicos semanais a emissoras de rádios e redações, anexando os arquivos para que as pessoas possam baixar os áudios e

---

[63] Disponível em: <http://www.radiomundoreal.fm/>.

ouvir o noticiário. A Radioagência NP disponibiliza matérias em áudio e texto para os usuários. O jornalista Danilo Augusto esclarece:

> A gente trabalha pelo menos duas vezes por semana com as pautas de movimentos sociais, como o MST, o Movimento dos Atingidos por Barragem, a Marcha Mundial das Mulheres etc. A ideia é permitir que suas necessidades e aspirações sejam ouvidas, já que estão sistematicamente bloqueadas na grande mídia.

A Radioagência NP produz, ainda, um boletim eletrônico diário que pode ser assinado pelas rádios parceiras e uma versão quinzenal em espanhol. Pulsar Brasil edita uma revista radiofônica mensal, com trinta minutos de reportagens em áudio (mp3), e permuta conteúdos com vários meios alternativos[64]. O material, sempre acompanhado de um texto escrito que pode ser a íntegra ou o resumo da matéria em áudio, fica acessível gratuitamente no site da agência. O formato é semelhante ao da Rádio Mundo Real, do Uruguai, que veicula conteúdos, em áudio e texto, em espanhol, inglês e português. O visitante pode ouvir ou baixar as matérias.

As ferramentas de compartilhamento das notícias por redes sociais representam uma interação com o leitor e, ao mesmo tempo, uma estratégia de difusão. A maioria das agências alternativas dá ao leitor a opção de divulgar o que acaba de ler, ouvir ou assistir em dezenas de redes sociais ou programas diferentes. Por exemplo, no topo das galerias de imagens do site do coletivo fotográfico Octoacto[65], existem botões de compartilhamento para o Facebook, Twitter, Google+ e LinkedIn. Ao lado destes quatro, há outro botão que dá ao visitante a chance de escolher entre 322 formas de divulgar o trabalho de fotógrafos de diversos países da América Latina. Com apenas um clique, abre-se um pequeno formulário que, ao ser

---

[64] Alguns parceiros da Pulsar Brasil são as agências Adital, Carta Maior e AfroPress, a Radioagência NP, a Rádio Mundo Real FM, o jornal *Brasil de Fato*, a Associação Latino-americana de Educação Radiofônica (Aler), entre outros.

[65] Disponível em: <http://www.octoacto.org/>.

preenchido, envia o link da galeria pelas ferramentas que o usuário escolher. Entre elas estão, por exemplo, o compartilhamento por mensagem instantânea on-line (Messenger), e-mail (Gmail e Hotmail), mais redes sociais (Orkut e Sonico).

A quase totalidade das agências recorre a intercâmbios de matérias, artigos, fotografias e material em áudio e vídeo sem fins mercantis. O que lhes assegura expandir os raios de alcance de seus informativos, descentralizando os âmbitos de recepção, assimilação e resposta, e intensificar dinâmicas cooperativas baseadas no *copyleft* e no compartilhamento de coberturas. Os processos jornalísticos, geralmente conduzidos por coletivos, definem regras de funcionamento, prioridades editoriais e vínculos políticos, assim como a autonomia dos editores para incluir artigos, reportagens e vídeos nas páginas. As decisões estratégicas e táticas saem das reuniões periódicas, com eventual participação de ativistas e representantes de movimentos sociais e organizações comunitárias.

Na Alai, a produção de conteúdo próprio não é predominante e o intercâmbio informativo ocorre principalmente por iniciativa de colaboradores que enviam artigos. Além dos textos em espanhol, a agência publica artigos em inglês, português e francês, alguns vindos de outros veículos, mas a maior parte remetida diretamente pelos autores.

Há sites que operam como uma espécie de portal, disponibilizando conteúdos extraídos de agências de notícias. *Enlace de Medios para la Democratización de la Comunicación*[66] é um deles, intensificando a integração virtual de meios alternativos. Reúne 26 veículos que priorizam reivindicações sociais na América Latina, entre as quais a da democratização da comunicação. "Estamos convencidos de que uma integração regional que só vem dos de cima, dos governos, não é integração. Integrar os povos passa fundamentalmente pela comunicação e pela cultura", defende Sally Burch, coordenadora do *Enlace*, detalhando que o objetivo é ampliar diálogos com os governos e

---

[66] Disponível em: <http://enlacemedios.info/>.

Dênis de Moraes

meios públicos para que sejam tomadas, em cada país e na região, medidas descentralizadoras dos sistemas de comunicação. Na página do *Enlace*, são publicados artigos e reportagens (de texto, áudio e vídeo) de todos os seus membros, entre os quais *Prensa Latina* (Cuba), Asociación Latinoamericana de Educación Radiofónica[67] e Agencia Latinoamericana de Información (Equador), Agencia Periodística de América del Sur[68] e *Prensa de Frente* (Argentina), *Brasil de Fato* (Brasil), Vive TV (Venezuela)[69] e *Periódico Desde Abajo* (Colômbia)[70].

Outra experiência de permuta de informações está sendo desenvolvida por *Carta Maior*[71], através de parcerias com publicações como Página/12 (Argentina), *La Jornada* (México), *Rebelión* (Espanha), *New Left Review* (Inglaterra), *Opera Mundi*, *Diário da Liberdade* e *Patria Latina* (Brasil). *Carta Maior* se afina com o ideário da mobilização internacional que deu origem ao Fórum Social Mundial. Para sua equipe, a tarefa estratégica de democratização não deve estar restrita à esfera nacional, mas contribuir para desenvolver um sistema de mídia democrática no Brasil e, de modo mais amplo, trabalhar pela democratização do Estado brasileiro, pelo fortalecimento da integração sul-americana e de todos os movimentos que lutam pela construção de uma globalização solidária.

Para seu editor-chefe, Marco Weissheimer, o processo de integração latino-americana exige a construção de uma rede de comunicação que ajude a diminuir as distâncias entre povos e culturas e mostre a natureza comum de muitos problemas sociais do continente.

---

[67] Disponível em: <http://www.aler.org/>.

[68] Disponível em: <http://www.prensamercosur.com.ar/>.

[69] Disponível em: <http://www.vive.gob.ve/>.

[70] Os outros integrantes de *Enlace de Médios* em 2012: *Agencia Internacional de Prensa Indígena* (AIPIN), *Alterpresse* (Haiti), *Asociación Nacional de Medios Comunitarios, Libres y Alternativos* (ANMCLA-Venezuela), *Caminos* (Cuba), *Centro de Reportes Informativos sobre Guatemala* (Cerigua), *Coordinadora Nacional de Radio-CNR* (Peru), *Coordinadora de Radio Popular Educativa del Ecuador-CORAPE* (Equador), *El Pregón* (Costa Rica), *Voces* (El Salvador), *La Época* (Bolívia), *Mirada Latina, Periódico E'a* (Paraguai), *Question Digital, Marcha* (Argentina), *Radio Mundo Real* (Uruguai), Revista *Mi País/Latina* (Equador), *Radialistas Apasionados y Apasionadas* e *Red Alba* TV.

[71] Disponível em: <http://www.cartamaior.com.br/>.

Se, por um lado, a maioria das agências alternativas ainda segue o agendamento midiático de temas e questões, por outro devem-se frisar os enfoques críticos diferenciados. Por exemplo, em um mesmo país como a Argentina, é possível cotejar os noticiários de pelo menos dez agências (como Anita, Anred[72], Argenpress[73], Prensa de Frente, Paco Urondo[74], CTA[75], Rodolfo Walsh[76], Agencia Periodística del Mercosul[77] e Red Eco[78]), cada qual com realces e padrões interpretativos peculiares. Também deve ser salientada a multiplicidade temática que acolhem, envolvendo etnias, gênero, direitos humanos, meio ambiente e ecologia, identidades culturais, demandas comunitárias etc.

Considerações finais

O estudo pôs em evidência a contribuição de agências virtuais de notícias à construção de um jornalismo em bases ético-políticas mais coerentes e evoluídas. Na essência, diversificam as fontes e óticas interpretativas; incluem outras vozes sociais, agendas e seleções temáticas; atualizam processos de produção jornalística em rede; e optam por textos mais longos com análises, colunas de opinião e contextualizações, às vezes ilustradas ou complementadas por charges, infográficos, fotos, arquivos sonoros e vídeos.

Há obstáculos comuns à maioria das agências, a saber:

a. a penetração precisa ser estendida a redes sociais, listas de discussão e boletins informativos por correio eletrônico, pois

---

[72] Disponível em: <http://www.anred.org/>.

[73] Disponível em: <http://www.argenpress.info/>.

[74] Disponível em: <http://www.agenciapacourondo.com.ar/>.

[75] Disponível em: <http://www.agenciacta.org/>.

[76] Disponível em: <http://www.agenciawalsh.org/aw/>.

[77] Disponível em: <http://www.prensamercosur.com.ar/>.

[78] Disponível em: <http://www.redeco.com.ar/>.

Dênis de Moraes

ainda é, proporcionalmente, reduzida a ressonância no conjunto da sociedade[79];

b. as articulações entre as agências necessitam ser aprofundadas, pois, no essencial, se manifestam em permutas de textos e imagens, sendo esporádicos os *pools* e coberturas compartilhadas de eventos de ressonância regional, o que quase sempre tem a ver com custos logísticos e/ou insuficiências tecnológicas;

c. a programação visual de vários sites segue padrões próximos aos dos portais de empresas jornalísticas, o que faz ressaltar a urgência de renovação de formatos e linguagens;

d. os espaços para interferências dos usuários ainda são tímidos, e raras são as agências que adotam a sistemática de publicação aberta[80];

e. o apoio governamental a esse tipo de comunicação é insatisfatório ou inexistente, embora nos países da Aliança Bolivariana das Américas (Venezuela, Bolívia e Equador) políticas públicas contemplem editais de financiamento, oficinas de produção audiovisual, assistência técnica, equipamentos e proteção legal.

Um dos desafios capitais para a comunicação contra-hegemônica em rede é a sustentabilidade dos projetos jornalísticos. Poucas são as iniciativas que conseguem se estruturar em moldes colaborativos

---

[79] Atente-se, porém, para os crescimentos exponenciais da Adital, com mais de 1,5 milhão de acessos por mês, e de Prensa de Frente, com 1,2 milhão. Há outros resultados promissores. No começo de 2013, a lista de Adital somava 95 mil leitores cadastrados; a de *Carta Maior*, 75 mil assinantes; e a de Alai, mais de 50 mil. No Twitter, a participação de algumas agências também era apreciável: Aporrea, 70 mil seguidores; *Carta Maior*, 45 mil; *Brasil de Fato*, 30 mil.

[80] A maioria das agências consultadas oferece espaços para comentários dos leitores, porém um intermediário seleciona quais serão publicadas. A sistemática da Agência de Notícias das Favelas (ANF), do Rio de Janeiro, é ligeiramente distinta. Existe um intermediário para aprovar a colaboração do leitor, mas, apesar disso, os comentários são sempre publicados, independentemente do conteúdo crítico. Uma vez aprovada, o usuário passa a ter acesso às senhas do site e, durante um ano, pode contribuir com materiais informativos de sua autoria sobre temas relacionados à favela.

Agências alternativas em rede e democratização da informação na América Latina

e autônomos, sem depender de recursos ou patrocínios externos. "Apesar dos múltiplos esforços, e de termos alcançado a marca de 25 milhões de páginas lidas, não conseguimos ainda conquistar nossa autonomia financeira, o que sempre nos exige redefinir estratégias de sustentabilidade", reconhece Ermanno Alegri, de Adital[81].

Os problemas se traduzem na vida útil às vezes reduzida de projetos, que não se mantêm financeiramente e se desagregam; em inadequadas infraestruturas físicas, técnicas e tecnológicas, o que se pode constatar em redações acanhadas; no baixo índice de profissionalização das equipes, obrigando jornalistas e ativistas a terem empregos paralelos; sem falar nas limitações financeiras para desenvolver plataformas digitais mais modernas ou para realizar reportagens fora das capitais.

A maioria das equipes das agências trabalha por militância política, ou seja, em muitas delas não há escala de profissionalização nem os direitos decorrentes. Daí advêm rotinas produtivas improvisadas, já que poucas têm estruturas físicas de redação e seus sites são atualizados nos computadores pessoais dos editores. Os debates e as avaliações, em geral, acontecem em reuniões nas casas de alguns deles, em bares ou restaurantes. As decisões editoriais mais imediatas, na prática, são tomadas por telefone, correio eletrônico ou em listas restritas de discussão, das quais fazem parte as pequenas equipes de redação. Se, por um lado, esses procedimentos desburocratizam as sistemáticas editoriais, por outro, deixam claras as insuficiências operacionais.

Com efeito, a sustentabilidade financeira do jornalismo contra-hegemônico é uma questão preocupante no panorama atual da América Latina. Segundo Sally Burch, a comunicação nunca foi prioridade para as agências de cooperação, que são uma das fontes que sustentam os meios alternativos. Ela lamenta:

---

[81] Entrevista de Ermanno Allegri a Sérgio Ferrari, "Apostamos a la democratización total de la comunicación", *Adital*, 11 jan. 2013.

Neste momento de crise financeira mundial, a comunicação vai ser ainda menos priorizada. Isso se combina com a revisão, pelos governos, das suas políticas de cooperação a algo mais vinculado a seus interesses internos e não ao bem da humanidade.

O jornal e a agência *Brasil de Fato* enfrentam limitações financeiras desde que surgiram. Segundo Leandro Uchoas, houve boa evolução na profissionalização da redação e na qualidade técnica do que é produzido, mas ainda ocorrem problemas com o pagamento de direitos trabalhistas, como férias e 13º salário, por exemplo.

> Há um certo nível de amadorismo que não foi superado. Temos que nos articular e nos esforçar para tentar superar, mas não vejo isso como uma coisa tão simples, uma vez que a gente não tem, no país, vontade política maior de democratizar a comunicação. Tudo é feito muito na militância, "arrastando o boi pelas costas".

Na Pulsar Brasil, o único a receber um salário fixo, pago por uma fundação alemã, é o membro do coletivo da radioagência que atua como coordenador das atividades. Os outros colaboradores ganham bolsa com valor simbólico e buscam apoio financeiro para fazer coberturas maiores sobre temas específicos. Alguns mandam notas de casa, o horário de trabalho não é rígido, mas há uma lista de tarefas diárias a serem cumpridas. O perfil militante se repete: "Não é uma coisa que a gente faz pelo dinheiro", resume a jornalista e colaboradora Lívia Duarte[82].

O nó da sustentabilidade financeira também atinge agências mais antigas, como é o caso da Inter Press Service (IPS). Após uma crise na década de 1990, a IPS pôde continuar desenvolvendo suas atividades graças ao corte de custos de comunicação trazidos pela internet, que permitiu o trabalho de correspondentes estrangeiros a partir de suas residências. Mas as dificuldades em obter recursos

---

[82] Entrevista concedida por Lívia Duarte em 18 mar. 2010.

Agências alternativas em rede e democratização da informação na América Latina

para as operações obrigou a agência a atuar principalmente com profissionais *part-time* e *free-lancers*, cobrindo até mais países, mas com menos presença.

Para o editor de Carta Maior, Marco Weissheimer, a principal barreira é certamente a econômica. "Creio que já é uma proeza o que conseguimos fazer. Estamos no ar desde 2001, sem interrupções. E estivemos ameaçados de fechar algumas vezes", relata[83]. Para superar este entrave crucial e comum às agências alternativas, ele acredita que a saída não deve ser isolada. A seu ver, demanda a implantação de políticas públicas que fortaleçam a diversidade informativa. Isso, por sua vez, depende de uma mudança nos critérios de distribuição de verbas públicas de publicidade, a fim de incluir mídias alternativas nas campanhas de divulgação.

A maioria das agências reivindica uma repartição mais equânime dos orçamentos oficiais de publicidade, como forma de financiar meios independentes e diversificar o sistema de comunicação. Há consenso sobre a importância estratégica de organismos de integração regional, como a Aliança Bolivariana para as Américas (Alba, que reúne Cuba, Venezuela, Equador, Bolívia e Nicarágua), a União das Nações Sul-Americanas (Unasur) e o Mercosul, e governos progressistas incentivarem programas e editais de financiamento à comunicação não lucrativa e não mercantilizada. "É necessário que haja fundos para a comunicação independente, não condicionada às linhas de quem dá o dinheiro", ressalta Sally Burch. Ao mesmo tempo, torna-se essencial resguardar a autonomia criativa e a independência editorial dos meios alternativos em relação a organismos e governos, ainda que possam existir convergências em determinadas questões.

Verificamos que parcela expressiva das agências interage com entidades da sociedade civil e, em intensidades diferentes, com governos progressistas empenhados em fortalecer legislações antimonopólicas e implementar programas de incremento à comunicação comunitária e à produção audiovisual independente. Os métodos de

---

[83] Entrevista concedida por Marco Weissheimer em 5 ago. 2010.

entrosamento variam de agência para agência, tanto entre as que demonstram adesão imediata ou discordâncias com os governos quanto as que se identificam ou têm vínculos com organizações políticas. Em qualquer caso, instituem um novo tipo de circularidade em rede: sem passar pelo estuário midiático convencional, distribuem materiais sintonizados com exigências de esclarecimento, conscientização e mobilização. Se os aparatos tecnológicos e a comunicação em rede estão sendo usados pelos movimentos organizados para tentar provocar mudanças sociopolíticas, é sinal de que se conjugam cada vez mais às práticas sociais, demonstrando sua relevância para a elaboração de sentido contra-hegemônico. Daí a observação de Manuel Castells[84] de que "os meios de comunicação alternativos estão no centro das ações dos movimentos sociais alternativos", transformando-se em plataformas que tendem a incrementar a circulação social de ideias e visões de mundo, de acordo com seus interesses e prismas de análise.

Pelo exposto, podemos concluir que, a despeito das dificuldades enfrentadas, as agências alternativas podem vir a consolidar-se como espaços autônomos de informação e aparelhos de difusão contra-hegemônica, nos quais se articulem as três exigências desafiadoras do que Sandrine Lévêque[85] chama de "contrapoder essencial" ao jornalismo mercantilizado das grandes empresas: "transparência, pluralismo e verdade".

Bibliografia

AFONSO JR., José. *Uma trajetória em redes:* modelos e características operacionais das agências de notícias. Tese de Doutorado em Comunicação, Universidade Federal da Bahia, Salvador, 2006.

---

[84] Manuel Castells, *Comunicación y poder* (Madri, Alianza Editorial, 2009), p. 449.

[85] Sandrine Lévêque e Denis Ruellan (orgs.), *Journalistes engagés* (Rennes, Presses Universitarires de Rennes, 2010), p. 9.

Agências alternativas em rede e democratização da informação na América Latina

AGUIAR, Pedro. *Sistemas internacionais de informação Sul-Sul:* do pool não-alinhado à comunicação em redes. Dissertação de Mestrado em Comunicação, Universidade Federal do Rio de Janeiro, Rio de Janeiro, 2010.

AMARANTE, Maria Inês. *A experiência das redes de rádios comunitárias na América Latina.* Texto apresentado no IV Congreso de la Cibersociedad, 2009. Disponível em: <http://www.cibersociedad.net/congres2009/es/coms/a-experincia-das-redes-de-radios-comunitarias-na-america-latina/601/>.

ANDERSON, Jon Lee. *Che, uma biografia.* Rio de Janeiro, Objetiva, 1997.

ARROSAGARAY, Enrique. *Rodolfo Walsh en Cuba.* Agenda Prensa Latina, militancia, ron y criptografía. Buenos Aires, Catálogos, 2004.

ATTON, Chris. *Alternative media.* Londres, Sage, 2002.

_____. *An alternative Internet.* Edimburgo, Edinburgh University Press, 2005.

ATTON, Chris; WICKENDEN, Emma. Sourcing Routines and Representation in Alternative Journalism: A Case Study Approach. *Journalism Studies.* n. 3, v. 6, 2005.

AUBERT, Aurélie. L'actualité internationale à l'heure des médias participatifs. In: PALMER, Michael; AUBERT, Aurélie (orgs.). *L'information mondialisée.* Paris, L'Harmattan, 2008.

BECERRA, Martín; MASTRINI, Guillermo. *Los dueños de la palabra:* acceso, estructura y concentración de los medios en la América Latina del siglo XXI. Buenos Aires, Prometeo, 2009.

BELTRÁN, Luis Ramiro; CARDONA, Elizabeth Foz de. *A comunicação dominada:* os Estados Unidos e os meios de comunicação da América Latina. São Paulo, Paz e Terra, 1984.

BOSI, Alfredo. *Ideologia e contraideologia.* São Paulo, Companhia das Letras, 2010.

BOUQUILLION, Philippe; MATHEWS, Jacob T. *Le web collaboratif:* mutations des industries de la culture et de la communication. Grenoble, PUG, 2010.

CARDON, Dominique. *La démocratie Internet:* promesses et limites. Paris, Seuil, 2010.

CARDON, Dominique; GRANJON, Fabien. *Médiactivistes.* Paris, Presses de Sciences Pro, 2010.

CARROLL, Nick; HACKETT, Robert. Democratic Media Activism through the Lens of Social Movement Theory. *Media, Culture and Society.* n. 28, v. 1, 2006.

CASTELLS, Manuel. *Comunicación y poder.* Madri, Alianza Editorial, 2009.

_____. The new public sphere: global civil society, communication networks and global governance. *The Annals of the American Academy of Political and Social Science,* n. 1, 2008.

COULDRY, Nick. Mediation and Alternative Media Or Reimagining The Centre Of Media And Communication Studies. Conferência no ICA – Our Media, Not

Theirs, 2001. Disponível em: <http://www.ourmedianet.org/papers/om2001/Couldry.om2001.pdf>.

DOWNING, John D. H. *Mídia radical:* rebeldia nas comunicações em movimentos sociais. São Paulo, Senac, 2002.

FERRON, Benjamin. Le journalisme alternatif entre engagement et distanciation. In: LÉVÊQUE, Sandrine; RUELLAN, Denis (orgs.). *Journalistes engagés*. Rennes, Presses Universitarires de Rennes, 2010.

GALEANO, Eduardo. *O livro dos abraços*. Porto Alegre, L&PM, 2005.

GILMAN, Claudia. *Entre la pluma y el fusil:* debates y dilemas del escritor revolucionario en América Latina. Buenos Aires, Siglo XXI, 2003.

GÓES, Laércio Pedro Torres de. *Agências de notícias na web:* um estudo das características da Adital, Carta Maior e IPS. Dissertação de Mestrado em Comunicação e Cultura, Universidade Federal da Bahia, Salvador, 2008.

GORZ, André. *O imaterial:* conhecimento, valor e capital. São Paulo, Annablume, 2005.

GRAMSCI, Antonio. *Cadernos do cárcere*. COUTINHO, Carlos Nelson; HENRIQUES Luiz Sérgio; NOGUEIRA, Marco Aurélio (orgs.). Rio de Janeiro, Civilização Brasileira, 2000 (v. 1) e 2002 (v. 3).

HARVEY, David. *O novo imperialismo*. São Paulo, Loyola, 2004.

_____. A arte de lucrar: globalização, monopólio e exploração da cultura. In: MORAES, Dênis de (org.). *Por uma outra comunicação:* mídia, mundialização cultural e poder. Rio de Janeiro, Record, 2003.

LAVILLE, Camille. Agences de presse et chaînes d'information en continu: un mariage de raison. In: AUBERT, Aurélie; PALMER, Michael (orgs.). *L'information mondialisée*. Paris, L'Harmattan, 2008.

_____. Transformation des contenus et du modèle journalistique. La dépêche d'agence. *Réseaux*. Paris, n. 143, v. 25, 2007.

LEMOS, André; LÉVY, Pierre. *O futuro da internet:* em direção a uma ciberdemocracia planetária. São Paulo, Paulus, 2010.

LÉVÊQUE, Sandrine; RUELLAN, Denis (orgs.). *Journalistes engagés*. Rennes, Presses Universitarires de Rennes, 2010.

MACÉ, Éric. *Les imaginaires médiatiques:* una sociologie postcritique des médias. Paris, Éditions Amsterdam, 2006.

MACHADO, Arlindo; MAGRI, Caio; MASAGÃO, Marcelo. *Rádios livres, a reforma agrária no ar*. São Paulo, Brasiliense, 1986.

MATTELART, Armand. *Para un análisis de clase de la comunicación:* introducción a comunicación y lucha de clases/1. Buenos Aires, Editorial Cooperativa Gráfica El Río Suena, 2010.

Agências alternativas em rede e democratização da informação na América Latina

_____. *Para un análisis de las prácticas de comunicación popular*: introducción a comunicación y lucha de clases/2. Buenos Aires, Editorial Cooperativa Gráfica El Río Suena, 2011.

MEIKLE, Graham. *Future active:* media activism and the internet. Nova York, Routledge, 2002.

MORAES, Dênis de. "Ativismo em rede: comunicação virtual e contra-hegemonia". In: _____. *A batalha da mídia.* Rio de Janeiro, Pão e Rosas, 2009.

_____. Comunicação alternativa em rede e difusão contra-hegemônica. In: COUTINHO, Eduardo Granja (org.). *Comunicação e contra-hegemonia:* processos culturais e comunicacionais de contestação, pressão e resistência. Rio de Janeiro, Editora UFRJ, 2008.

_____. Comunicación virtual, activismo político y ciudadanía. *Trípodos*, Barcelona, v. 4, 2005.

_____ (org.). *Por uma outra comunicação:* mídia, mundialização cultural e poder. Rio de Janeiro, Record, 2003

_____. *Vozes abertas da América Latina:* Estado, políticas públicas e democratização da comunicação. Rio de Janeiro, Mauad, 2011.

PALMER, Michael; AUBERT, Aurélie (orgs.). *L'information mondialisée*. Paris, L'Harmattan, 2008.

PERUZZO, Cicilia Maria Krohling. *Revisitando os Conceitos de Comunicação Popular, Alternativa e Comunitária*. Conferência no XXIX Congresso Brasileiro de Ciências da Comunicação, Brasília, set. 2006.

PIÑEYRÚA, Pilar. *Las tapas y titulares del Semanario Marcha:* una puerta grande a la argumentación. Disponível em: <http://bdigital.uncu.edu.ar/fichas.php?idobjeto=2768>.

PROULX, Serge. *Les groupes activistes de la technique, une militance de l'ère numérique*. Conferência no Colloque Cultures libres, innovations en réseau: le logiciel libre comme phénomène technique et social, Universidade de Quebec, Montréal, set. 2007.

PROULX, Serge; JAURÉGUIBERRY, Francis. *Usages et enjeux des technologies de communication*. Toulouse, Érès, 2011.

PULLEIRO, Adrián. *La radio alternativa en América Latina:* experiencias y debates desde los orígenes hasta el siglo XXI. Buenos Aires, Editorial Cooperativa Gráfica El Río Suena, 2012.

RAMONET, Ignacio. *A explosão do jornalismo:* das mídias de massa à massa de mídia. São Paulo, Publisher Brasil, 2012.

RANCIÈRE, Jacques. *O espectador emancipado*. São Paulo, Martins Fontes, 2012.

RESENDE, Renato; SCOVINO, Felipe. *Coletivos*. Rio de Janeiro, Circuito, 2010.

SAID, Edward. *Humanismo e crítica democrática*. São Paulo, Companhia das Letras, 2007.

SÁNCHEZ, Rosario. Monopolio de la palabra y disputa de sentido. Disponível em: <http://www.cecies.org/articulo.asp?id=233>.

Dênis de Moraes

SCHERER- WARREN, Ilse. *Redes emancipatórias:* nas lutas contra a exclusão e por direitos humanos. Curitiba, Appris, 2012.

SEL, Susana. Comunicación alternativa y políticas públicas en el combate latinoamericano. In *La comunicación mediatizada:* hegemonías, alternatividades, soberanías. Buenos Aires, CLACSO, 2010.

TAIBO II, Paco Inacio. *Ernesto Guevara, também conhecido como Che.* São Paulo, Expressão Popular, 2008.

VIDAL, José R. Comunicación y cultura: notas para un debate. *Revista América Latina en Movimiento,* out. 2009. Disponível em: <http://pt.scribd.com/doc/74838942/AmericaLatina-en-Movimiento-OCTUBRE-2009>.

VINELLI, Natalia. *Ancla:* una experiencia de comunicación clandestina orientada por Rodolfo Walsh. Buenos Aires, Editorial El Colectivo, 2008.

_____ (org.). *Comunicación y televisión popular:* escenarios actuals, problemas y potencialidades. Buenos Aires, Editorial Cooperativa Gráfica El Río Suena, 2011.

VINELLI, Natalia; ESPERÓN, Carlos Rodríguez (orgs.). *Contrainformación:* medios alternativos para la acción política. Buenos Aires, Peña Lillo/Continente, 2004.

WALSH, Rodolfo. *Ancla:* Rodolfo Walsh y la Agencia de Noticias Clandestina (1976-1977). Buenos Aires, Ejercitar la Memoria, 2012.

_____. *Ese hombre y otros papeles personales.* Buenos Aires, Ediciones de la Flor, 2007.

Agências pesquisadas

Argentina:

Agencia CTA (<http://www.agenciacta.org/>)

Agencia de Notícias sobre Infância de Tucumán – Anita (<http://www.agencia-anita.com.ar/>)

Agencia Paco Urondo (<http://www.agenciapacourondo.com.ar>)

Agencia Periodística Apas (<http://www.prensamercosur.com.ar/>)

Agencia Púlsar (<http://www.agenciapulsar.org/>)

Anred (<http://www.anred.org/>)

Argenpress (<http://www.argenpress.info/>)

Enredando (<http://www.enredando.org.ar/>)

Farco (<http://www.farco.org.ar>)

Prensa de Frente (<http://www.prensadefrente.org/>)

Agências alternativas em rede e democratização da informação na América Latina

Proyecto Fotográfico Colectivo OctoActo (<http://www.octoacto.org/>)
Red Eco (<http://www.redeco.com.ar/>)
Rodolfo Walsh (<http://www.agenciawalsh.org/>)

Bolívia:
Bolpress (<http://www.bolpress.com/>)

Brasil:
Adital (<http://www.adital.com.br/>)
Agência Nacional das Favelas (<http://www.anf.org.br/>)
Brasil de Fato (<http://www.brasildefato.com.br/>)
Carta Maior (<http://www.cartamaior.com.br/>)
Diário da Liberdade (<http://www.diarioliberdade.org/>)
Pátria Latina (<http://www.patrialatina.com.br/>)
Pulsar Brasil (<http://www.brasil.agenciapulsar.org/>)
Radioagência NP (<http://www.radioagencianp.com.br/>)

Chile:
Azkintuwe (<http://www.azkintuwe.org/>)

Colômbia:
Desde Abajo (<http://www.desdeabajo.info/>)
Prensa Rural (<http://prensarural.org/>)

Equador:
Agencia Latinoamericana de Información (<http://alainet.org/>)

México:
Cimac (<http://www.cimacnoticias.com.mx/>)

Peru:
Noticias Aliadas (<http://www.noticiasaliadas.org/>)

Dênis de Moraes

Uruguai:
Radio Mundo Real (<http://www.radiomundoreal.fm/>)
Rebelarte (<http://www.rebelarte.info/>)

Venezuela:
Aporrea (<http://www.aporrea.org/>)

Redes de agências:
Minga Informativa de Movimentos Sociais (<http://www.movimientos.org/>)
Enlace de Medios (<http://enlacemedios.info/>)

Outros sites pesquisados:
Alianza Bolivariana de las Américas (<http://www.alianzabolivariana.org/>)
Alba TV (<http://albatv.org/>)
Infoamérica (<http://www.infoamerica.org/>)
Inter Press Service (IPS) (<http://www.ips.org/>)
La Jornada (<http://www.jornada.unam.mx/>)
Opera Mundi (<http://operamundi.uol.com.br/>)
Overmundo (<http://www.overmundo.com.br/>)
Página/12 (<http://www.pagina12.com.ar/>)
Portal Vermelho (<http://www.vermelho.org.br/>)
Prensa Latina (<http://www.prensalatina.com.br/>)
Núcleo Piratininga de Comunicação (<http://www.piratininga.org.br/>)
Observatório da Imprensa (<http://www.observatoriodaimprensa.com.br/>)
Observatório do Direito à Comunicação (<http://www.direitoacomunicacao.org.br/>)
Rebelión (<http://www.rebelion.org/>)

OUTRO JORNALISMO POSSÍVEL NA INTERNET*

Pascual Serrano

Passaram-se pouco mais de quinze anos desde a popularização da internet e os mais jovens não entendem qual seria a serventia de um computador se não pudessem se conectar à rede. Raras invenções sacudiram tanto uma geração como a internet. Sua aterrissagem na vida cotidiana dos movimentos sociais, dos meios de comunicação e do ativismo político está repleta de curiosidades e paradoxos, muitos dos quais já parecem esquecidos. Por exemplo, em 1994, quando as grandes empresas ainda não se interligavam aos seus escritórios pela internet (e muito menos dispunham de sites para captação de clientes ou divulgação de novidades), o Exército Zapatista de Libertação Nacional (EZLN), com base na selva de Lacandona, no sul do México, enviava pela rede seus comunicados e denúncias para um grupo de jornalistas e ativistas. Os meios de comunicação alternativos começaram a funcionar na internet antes dos grandes jornais, o que era lógico, pois estes já tinham o monopólio da informação, de modo que não era interessante para eles ocupar um novo suporte que não era rentável.

Quando o *Rebelión* nasceu, em setembro de 1996, nem o *El País* nem nenhum outro jornal espanhol tinha site. A conversa que um técnico em informática e um jornalista tiveram naqueles dias, a partir da qual foi criado o *Rebelión*, hoje seria uma peça de museu. O técnico disse ao jornalista que era possível, sem necessidade de recursos econômicos e com muito pouca tecnologia, fazer um meio de

---

* Tradução por Karina Patrício e revisão técnica por Dênis de Moraes. (N. E.)

comunicação escrito para ser lido em qualquer lugar do mundo, requerendo-se, para isso, somente uma linha telefônica e um computador. Então, perguntou-lhe se conseguiria encontrar um grupo de jornalistas com capacidade de obter uma dezena de informações alternativas por semana para dar conteúdo ao site[1].

Com as organizações sociais aconteceu a mesma coisa. As mais humildes e jovens começaram a se desenvolver na internet antes dos partidos políticos ou dos grandes sindicatos. Por isso, as guerrilhas armadas que operavam nas selvas chegaram à rede antes que os ministérios europeus.

Quando colocamos o *Rebelión* no ar, não pensávamos que os cidadãos em geral fossem nos ler. Nosso objetivo era criar uma agência de notícias para fornecer conteúdo sobre assuntos internacionais aos meios alternativos locais, como os jornais de bairro ou as rádios livres e comunitárias. Não existiam sites de busca na internet e não havia muitos que pudessem incluir links para o nosso ou mesmo mencioná-lo.

Hoje ninguém discute que o surgimento da internet revolucionou os meios de comunicação. Essa revolução pode ser encarada de dois pontos de vista ideologicamente antagônicos. Um deles seria como adaptar o modelo empresarial tradicional, claramente em crise, a essa nova situação. O outro, como fazer para que a internet seja uma verdadeira revolução, não só tecnológica, mas também democrática e participativa. Como vocês podem imaginar, só a segunda opção me interessa, e é sobre ela que eu me vejo em condições de propor ideias.

Em primeiro lugar, é necessário destacar a crise que os meios de comunicação estão enfrentando, que tem muitas facetas. Vejamos algumas delas.

---

[1] Pascual Serrano, "Historia de una lucha. La honda de David", *Rebelión*. Disponível em: <http://www.rebelion.org/noticia.php?id=10881>.

Outro jornalismo possível na internet

Crise de mediação

O modelo informativo deixou de se identificar com os cidadãos. Prova desse divórcio é que um programa tão óbvio como os de perguntas e respostas, em que várias pessoas se dirigem ao presidente ou a outros líderes políticos, seja considerado uma descoberta jornalística na Espanha[2]. Do mesmo modo, muitos governantes mundiais decidiram fazer intervenções televisivas nos meios de comunicação públicos para evitar coletivas de imprensa, isto é, para se esquivar dos jornalistas. Com isso, o jornalismo abandonou sua origem principal de sistema de aproximação, transformando-se em um mecanismo de interceptação que impõe obstáculos e desvirtua a comunicação entre os governantes e os cidadãos.

Crise de credibilidade

O público não confia mais nos meios de comunicação, pois comprovou muitas vezes como eles mentem ou escondem elementos fundamentais da realidade. Ignacio Ramonet lembrava, em janeiro de 2005[3], o caso de Jayson Blair, o jornalista-estrela do *The New York Times* que falsificava fatos, plagiava artigos copiados da internet e chegou a inventar dezenas de histórias, que com frequência foram reportagens de capa. O caso provocou comoção no jornal, que era considerado uma referência pelos profissionais. Poucos meses depois, houve outro escândalo, ainda mais estrondoso, no jornal líder nos Estados Unidos, o *USA Today*. Seus leitores descobriram, estupefatos, que o repórter mais célebre do jornal, Jack Kelley, uma estrela internacional que viajou pelo mundo inteiro durante vinte anos, entrevistou 36 chefes de Estado e cobriu uma dezena de guerras, era um falsificador

---

[2] Referimo-nos ao programa *Tengo una pregunta para usted*, da TVE.

[3] Ignacio Ramonet, "Medios de comunicación en crisis". *Le Monde Diplomatique*. Disponível em: <http://www.lemondediplomatique.cl/Medios-de-comunicacion-en-crisis.html>.

Pascual Serrano

compulsivo, um "impostor em série". Entre 1993 e 2003, Kelley tinha inventado centenas de relatos sensacionais. Era como se, por acaso, ele sempre estivesse no lugar dos acontecimentos, extraindo de cada um histórias excepcionais e apaixonantes.

Crise de objetividade

Sabemos que a objetividade e a neutralidade não existem; o constante apelo que os meios de comunicação fazem à imparcialidade é inútil. A honestidade, a veracidade e, inclusive, a pluralidade existem, mas hoje ninguém discute o interesse ideológico e político que os meios de comunicação mostram em sua atividade diária. O tremendo poder que adquiriram, a perda de influência das ideologias neoliberais na América Latina e a ascensão de governos progressistas na região fizeram com que os meios privados se tornassem atores políticos de primeira ordem, gerando uma queda brusca de sua imagem como agentes meramente informativos e neutros.

Crise de autoridade

A internet e as novas tecnologias mostraram a possibilidade das organizações sociais e dos jornalistas alternativos de enfrentar o predomínio dos grandes meios de comunicação. Eles não são mais tão poderosos. Graças à capacidade de produção e distribuição da informação, a autoridade do mediador, tradicionalmente atribuída aos jornalistas, está voltando para o público. Quem sabe mais ou está mais próximo dos acontecimentos ou informa os outros. Hoje, alguns analistas de meios de comunicação alternativos conseguem mais audiência do que os papas dos grandes veículos do setor.

Outro jornalismo possível na internet

Crise de informação

A dinâmica mercantilista dos meios de comunicação, bem como a necessidade de aumentar a produtividade e a rentabilidade dos profissionais da área, faz com que a elaboração e a checagem das informações não ocorram de maneira adequada, carecendo de elementos de contextualização suficientes e de antecedentes que permitam à sociedade compreender a atualidade. Exemplo disso é o conflito palestino-israelense: a informação que o cidadão médio acumula sobre esse assunto é enorme e, no entanto, ele continua sem compreender o conflito em toda a sua amplitude.

Crise de distribuição

Essa crise afeta a imprensa escrita. A metodologia de entregar os jornais nas bancas todas as manhãs, expô-los ao público e esperar que o cidadão se desloque até lá para comprá-los tornou-se obsoleta por muitas razões. Em primeiro lugar, devido ao atraso na informação: os conteúdos informativos chegam ao público em torno de oito horas depois de terem sido escritos pelos jornalistas. Outro inconveniente é que garantir a oferta implica na devolução de um grande número de exemplares e, consequentemente, em desperdício econômico. No entanto, nas zonas rurais espanholas, a imprensa não chega antes das onze da manhã e, nas grandes cidades turísticas, esgota-se antes desse horário na temporada de férias.

Ao contrário do que pode parecer, essa situação, longe de ser um problema, abre grandes expectativas de regeneração do modelo comunicacional, as quais devem ser aproveitadas pela cidadania e pelos coletivos sociais.

A desconfiança em relação aos meios de comunicação tradicionais reflete-se em estudos sobre a opinião pública. Um relatório do centro de pesquisas norte-americano Pew Research Center revelou que, em agosto de 2008, o uso da internet como fonte de busca de informações

Pascual Serrano

sobre atualidades já superava a audiência da imprensa tradicional nos Estados Unidos[4]. Esse não foi o único estudo a apurar tais resultados. Segundo uma enquete da Media/Zogby (atual Wemedia) feita em fevereiro de 2008[5], a fonte principal de notícias da metade dos estadunidenses é a internet, sendo que 70% deles acham que o jornalismo tradicional "está fora de moda", irremediavelmente *out* [fora]. O mais impressionante é que, no lapso de somente um ano, as cifras demonstraram um aumento de 40% das pessoas que consideram a internet como fonte básica e principal de notícias. Há uma revolução na forma de acessar e consumir notícias. E houve outros resultados não menos impressionantes: em 2007, a média de tempo on-line dos navegantes estadunidenses foi de 15,3 horas semanais. No princípio de 2006, era de uma hora por semana.

Depois da internet, a fonte de notícias de um terço dos entrevistados é a televisão; de 11%, o rádio; e de 10%, os jornais. No entanto, apesar de terem respondido que a informação jornalística era importante em seu cotidiano, 64% deles não estavam satisfeitos com a qualidade. Por faixa de idades, como era de se esperar, os mais jovens (de 18 a 39 anos) escolhem a internet, enquanto os maiores de 65 continuam preferindo a televisão. O desnível entre gerações e a exclusão digital são enormes. Só 7% das pessoas entre 18 e 29 anos dizem se informar através dos jornais tradicionais em papel. Os sites da internet são considerados a fonte principal de notícias e informação, sendo superiores aos veículos tradicionais: 86% dos estadunidenses apontam os sites como uma fonte de notícias importante, e mais da metade (56%) como muito importantes. Além disso, surpreendentemente, uma alta porcentagem dos entrevistados (38%) avalia os blogs como fonte importante de informações. Se pararmos para pensar, a única vantagem que um blog pode ter com relação a um meio de comunicação tradicional é a confiança em seu autor.

---

[4] "Internet ya supera a la prensa tradicional como fuente de información en EEUU". Disponível em: <http://www.publico.es/internacional/143406/internet/supera/imprensa/tradicional/fonte/informacion/ee/uu>.

[5] Disponível em: <http://wemedia.com>.

Outro jornalismo possível na internet

Portanto, é esse elemento que é posto em xeque nos meios de comunicação tradicionais.

A enquete confirma essa leitura. Os sites são considerados fontes mais confiáveis do que os veículos tradicionais. Um terço dos entrevistados (32%) diz que a internet é sua fonte mais fiável de notícias e informações, seguida pelos jornais (22%), a televisão (21%) e o rádio (15%). Três de cada quatro (75%) afirmam que a internet teve um impacto positivo sobre a qualidade do jornalismo profissional tradicional.

Apesar disso, segundo Howard Finberg, do Instituto Poynter, o grande público desconhece que as principais fontes de acesso na internet, como o Yahoo! Notícias ou o Google Notícias, obtêm notícias dos jornais, da televisão ou de outros serviços. Ele acrescenta que "o fato de a informação ter um formato diferente do tradicional não significa que ela não reproduza o jornalismo tradicional".

Dessa forma, o que o público vê de confiável na internet talvez não seja a mera reprodução do conteúdo dos grandes meios de comunicação, mas a oferta de fontes originais, coletivos sociais, intelectuais e profissionais honestos que nem sempre são aceitos nos veículos tradicionais.

Conto tudo isso para mostrar que, além das facilidades técnicas da internet, que todos conhecemos, há uma demanda cidadã que exige uma perspectiva alternativa à informação e às análises dominantes. Ela é representada pelos meios cujo princípio existencial não é a participação no mercado, não têm fins lucrativos, não são propriedades de acionistas e não condicionam seus conteúdos à receita publicitária. Seu objetivo é dar voz aos coletivos sociais e aos povos que lutam por sua soberania e pela melhora de suas condições de vida com justiça social.

Mas não é só isso, a vocação desses meios que se assumem permanentemente como alternativos deve ser a de desbancar o modelo dominante, e não a de se instalar na marginalidade e nos grupos minoritários.

A comunicação alternativa na internet deve adotar duas estratégias de resposta ao modelo dominante da mídia:

1. Deixar em evidência a falta de credibilidade da grande mídia, denunciando suas mentiras, sua dupla moral e seu desequilíbrio informativo;
2. Trabalhar na criação de meios de comunicação alternativos que sejam capazes de deslocar os convencionais e, deste modo, ir abrindo uma brecha no panorama midiático para que haja cada vez mais fontes de informação.

Necessidades

Essa introdução otimista não deve nos levar a pensar que um projeto na internet ou um trabalho destinado a este formato não precise ser elaborado com profundidade, muito pelo contrário. Logo mais, veremos algumas deficiências dos meios de comunicação digitais.

É verdade que, comparando-se com outros suportes, é barato colocar um veículo em funcionamento na internet. Mas, antes, devemos resolver algumas questões técnicas:

- *Hosting* [hospedagem] com espaço suficiente para os conteúdos e largura de banda para o site não cair por excesso de tráfego. O servidor deve ser de confiança para não sermos abandonados em caso de conflito ou pressões.
- Um bom nome para o domínio.
- Sistemas de segurança para evitar vírus ou ataques.
- Um bom programa de edição de textos, com as configurações definidas antes que o site entre no ar.

É muito importante contar com um especialista em problemas de informática na equipe e que, além disso, esteja sempre disponível e localizável. Muitos projetos encontram dificuldades de funcionamento por não terem um número suficiente de técnicos em informática. O especialista irá gerenciar as relações com o servidor e deverá co-

Outro jornalismo possível na internet

nhecer as minúcias do programa para a incorporação de mudanças ou melhorias.

É preciso definir muito bem o desenho e estabelecer as porcentagens de texto, fotografia, som e vídeo.

Redação de textos e princípios editoriais

O imediatismo da internet não quer dizer que não se deva ter o mesmo cuidado com a redação que se tem no papel. Um meio digital deve ser elaborado por pessoas qualificadas; não é preciso que tenham diploma de jornalista, e sim que saibam jornalismo.

É necessário intitular a notícia com mais acerto do que no papel. Os códigos talvez sejam diferentes: podemos nos permitir títulos mais longos, mas devemos pensar que o leitor não correrá a vista para baixo para conhecer o conteúdo, como ocorre no papel, mas que vai clicar na notícia. Por isso, o título deve conter informações suficientes sobre a temática e a localização geográfica do assunto.

Deve-se dar prioridade à informação. Ela pode ser apresentada com muita intencionalidade, pode ser utilizada para se fazer apologia política. A mídia comercial demonstra isso a cada dia. O problema é que o formato e o caráter militante dos integrantes dos meios alternativos provocam uma tendência ao panfleto e às qualificações fáceis, que acabam inutilizando grande parte dos conteúdos. Chamar Álvaro Uribe de paramilitar, Aznar de fascista ou Bush de criminoso não convence ninguém. É preciso trabalhar e fazer jornalismo, buscar os dados, relatórios e depoimentos que confirmam a relação entre Uribe e o paramilitarismo, as posições e declarações de Aznar que mostram sua ideologia e as ações militares da administração Bush que deixam em evidência o caráter criminoso de suas políticas. Muitas vezes, os meios alternativos se transformam em tribuna para desabafo de militantes, e não é isso que eles deveriam ser. Não sei onde os indignados com Uribe, Bush ou Aznar devem desabafar, mas não é com desabafos que se faz um meio de comunicação.

Pascual Serrano

Repetição

Em várias ocasiões, uma grande quantidade de análises bem escritas e bem enfocadas tem um defeito: não dizer nada de novo. Não podemos oferecer dezenas de artigos sobre o Afeganistão ou as centrais nucleares que repetem sempre a mesma coisa. Isso ocorre com os eventos informativos importantes; todo mundo começa a fazer análises, dar opiniões e interpretações absolutamente redundantes. Na realidade, é o mesmo que acontece nas reuniões de esquerda, onde muitos levantam a mão para repetir o que já foi dito. Não devemos permitir que essa pressão para colaborar se imponha.

Comunicados

Os meios alternativos não são quadros de cortiça, nem murais onde os coletivos afixam seus manifestos; não só porque o formato desses textos não é o apropriado para publicação (não têm títulos, não incluem os antecedentes necessários para a compreensão do assunto sobre o qual tratam etc.), mas também porque não podemos castigar a audiência com cem comunicados condenando o Golpe de Estado em Honduras só porque cem organizações não consideraram oportuno se expressar em conjunto.

Não somos o suporte de nossa ideologia

É habitual que o critério para decidir sobre a publicação de um trabalho seja o de concordar com ele ou não. Evidente que haverá uma linha editorial, mas ela não pode se limitar à estreita margem do nosso ideário pessoal, deve ser mais ampla. Em outras palavras, podemos publicar textos com os quais não concordamos. Como informação alternativa, um discurso do líder do Hezbollah pode ter valor, e não somos islamistas. Ou de um membro do ETA, e não concordamos com sua luta armada, mas entendemos que esses textos têm valor informativo. No *Rebelión*, publicamos na íntegra o discurso de posse do Obama. Devemos também explicar isso aos nossos leitores, que tanto se indignam conosco quando não concordam com um texto. Não estamos expondo nossa opinião, mas oferecendo as informações que consideramos dignas de ser divulgadas.

O inimigo não está na esquerda

O fratricídio da esquerda se reproduz fielmente nos meios alternativos. Nos veículos radicais de esquerda, muitas vezes aparecem mais críticas ao governante quando ele inicia processos de nacionalização (Bolívia) ou alterações na legislação sobre meios de comunicação (Argentina) do que antes que ele se atrevesse a encarar essas mudanças.

Provavelmente muitas críticas podem ser justificáveis, mas devemos nos perguntar se nosso nível de exigência em relação aos governos progressistas nos leva a questioná-los mais do que os governos dos quais não esperamos mudanças positivas.

A informação dos partidos políticos de esquerda nas eleições europeias foi um exemplo. A maioria dos textos escritos pelos partidos radicais, que foram publicados pelos meios alternativos da internet, era contra outros grupos políticos da esquerda. No fim das contas, nenhum desses partidos conseguiu representação, como era de se esperar, e a direita e a ultradireita, que mal denunciamos, acabaram ganhando as eleições.

Micromundos

Em muitas ocasiões, criamos nossa própria bolha social nos meios alternativos da internet, afastando-nos do debate nas ruas. Acreditamos que somos muitos de tanto escrever, ler e comentar sobre nós mesmos (duas centenas de pessoas), mas isso não é verdade. Chega-

Pascual Serrano

mos até a pensar que a vida interna de nossas organizações é a notícia mais importante do dia. É certo que devemos tentar impor uma agenda informativa, mas não sejamos ingênuos, não podemos fazer isso. É mais inteligente tentar adaptar a agenda à nossa linha do que colocar uma linha de conteúdo afastada do debate nas ruas. Não raro, o melhor serviço que podemos prestar é responder a uma determinada linha informativa falsa sobre um assunto, por exemplo, a lei de educação da Venezuela.

Egos

Os meios alternativos também não são criados para autopromoção. Esta questão é parecida com a das repetições. Provavelmente algo que vamos escrever já foi dito, não faz sentido repetir só porque nós somos os editores e podemos colocar nossos artigos no topo.

Colaboração

A internet, para o bem ou para o mal, fez com que os meios alternativos de um mesmo espectro editorial sejam muitos, muitíssimos. Devemos nos esforçar para compreender que não competimos entre nós. Podemos trabalhar para publicar os textos o quanto antes, mas sempre entendendo que o objetivo é a maior divulgação possível de conteúdos. Devemos citar as fontes quando o texto não é nosso, mas não exigir o mesmo comportamento dos outros. Há algum tempo, uma tradutora de uma publicação venezuelana nos repreendeu porque não fazíamos referência a ela, dizendo que isso a levava a se perguntar se valia a pena seguir em frente. É justo dar os devidos créditos, mas se o não procedimento provoca tanto desânimo e indignação a ponto de fazê-la questionar o seu próprio trabalho, é melhor deixá-lo.

Outro jornalismo possível na internet

Copyright e direitos de reprodução

Uma das grandes ameaças que pairam sobre os meios alternativos na internet são os condicionamentos legais. Dizem que eles foram criados para defender os direitos autorais, mas, na verdade, visam restringir o gerenciamento e o conhecimento às mãos de poucas pessoas, como únicas donas da informação. É importante saber bem a procedência de cada informação para evitar reclamações sobre direitos autorais. Felizmente, a maioria dos autores progressistas permite o uso livre de seus trabalhos e, além disso, alguns jornais e agências, seja por seus critérios de edição ou por uma aceitação tácita, facilitam a reprodução de seus conteúdos.

Com as fotografias também é preciso ser cuidadoso. Uma boa solução são os sites de compartilhamento de fotos jornalísticas e artísticas com alta qualidade e definição. Um deles é o Flickr. É necessário verificar a modalidade de direito de propriedade intelectual de cada imagem que se pretende utilizar, sendo possível, inclusive, entrar em contato com o autor.

Em relação aos arquivos de som, existem grandes chances de compartilhamento de conteúdos com emissoras de rádio livres ou comunitárias. Um exemplo são as redes da Amarc e Radialistas, que disponibilizam seus conteúdos em formato MP3 na internet para uso livre.

Quanto aos vídeos, o mais habitual é colocar links dos sites onde eles foram publicados. Portanto, o problema não é tanto de copyright, mas sim que eles sejam removidos dos servidores para os quais fizemos o redirecionamento.

Por último, lembremos também que é necessário recorrer ao *software* livre para evitar gastos de licença e sanções decorrentes do uso de *software* proprietário.

Pascual Serrano

Definição dos destinatários

Definir o grupo para o qual destinaremos nossos conteúdos é um pré-requisito de qualquer projeto e dependerá de muitos parâmetros. Existem condicionamentos técnicos que indicarão o suporte que vamos utilizar. Na internet não existem limitações geográficas, o conteúdo é oferecido para o mundo inteiro. No entanto, nossa audiência precisa ter conhecimentos tecnológicos mínimos, estar conectada à internet e falar nosso idioma.

Por outro lado, pensemos no perfil do nosso público. Não nos iludamos: os conteúdos são muito diferentes se quisermos nos dirigir aos operários de um parque industrial, a um coletivo estudantil ou a uma população rural. Essa seria uma espécie de distribuição social, mas também conta o nível cultural. Os perfis condicionam os assuntos a tratar e também o formato: mais ou menos audiovisual, com textos mais analíticos ou informativos, com uma linguagem mais técnica ou coloquial etc.

Também é importante conhecer nosso público ou audiência potencial, desde sua problemática até seus gostos e preferências, relacionando-nos com toda a estrutura social e as organizações que trabalham com eles.

O grau de definição política do nosso meio de comunicação também condicionará a audiência. Se ele partir de um compromisso ideológico nítido, teremos um público definido na mesma medida e renunciaremos à ampliação do universo de receptores. Alguns veículos combinam elementos muito ideologizados com conteúdos mais triviais. Meu propósito não é indicar qual é o projeto mais adequado, cada um cumpre sua função. Nosso projeto de socialização de conteúdos permitirá que os primeiros forneçam conteúdos mais ideológicos aos segundos, ao passo que os segundos, com sua ação, poderão ser capazes de distribuir melhor mensagens que nunca chegariam a uma base social ampla se permanecessem somente no meio de comunicação original. Outro exemplo: os meios mais ideologizados talvez não seduzam um estudante de dezesseis

Outro jornalismo possível na internet

anos, mas darão ferramentas que seu professor poderá adaptar ao discurso pedagógico.

Ao mesmo tempo, ocorrem sinergias entre os próprios meios alternativos, de sorte que os conteúdos de uns conseguem chegar a públicos diversos graças à reprodução de outros, em especial quando o suporte é a internet, que é um formato de fácil replicação. Vejamos: o *Rebelión* é muito definido politicamente; todo o seu conteúdo tem intencionalidade ideológica, o que não o faz atrativo para quem procura informações que não sejam tão políticas assim. Esse tipo de público frequentemente visita portais ou revistas sobre variedades, como receitas de cozinha, literatura, viagens etc. Em diferentes ocasiões, esses veículos usaram conteúdos do *Rebelión*, chegando a um público que não é leitor habitual do jornal. O mesmo ocorre com o suporte. Um texto na internet pode ter sua audiência multiplicada quando incorporado a um jornal de bairro ou mesmo despertar o interesse de alguma rádio em localizar e entrevistar o autor.

Metodologia de trabalho e seleção de conteúdos

Desnecessário dizer que o mecanismo pelo qual um coletivo se organiza, encara suas funções e resolve conflitos é um pilar fundamental para a viabilidade ou não de uma organização. A história dos coletivos sociais é mais povoada de derrotas por causa de conflitos e desencontros do que por condições exteriores adversas. Se não nos prepararmos para a convivência, os meios alternativos, seja na internet ou em qualquer formato, podem acabar repetindo os erros e crises que marcaram as organizações sociais durante toda a sua história.

Por isso, é importante que os membros do coletivo tenham o mesmo projeto em mente. Esse objetivo será atingido se os elementos mencionados forem definidos antes de se colocar as mãos à obra: público-alvo, estrutura técnica, funcionamento econômico etc. No caso da internet, o método de organização e de tomada de decisões adquire um perfil próprio, caracterizado pelo imediatismo e pela eliminação das distâncias.

É essencial fazer um esclarecimento prévio: um meio de comunicação alternativo é isto: um meio de comunicação; não é uma organização política, nem uma organização de ativismo social. É provável que seus membros tenham certo grau de compromisso associativo com outras organizações, sendo nelas onde devem praticar seu ativismo. No meio de comunicação, eles só devem comunicar, essa será sua única forma de ativismo – o que não é pouco – enquanto estiverem se dedicando ao projeto informativo.

O modelo de trabalho poderá ser mais ou menos hierárquico, embora o caráter alternativo, igualitário e fortemente voluntário do projeto exija horizontalidade. Isso não quer dizer que as funções e responsabilidades não devam ser definidas. Para tanto, será preciso efetuar uma divisão de tarefas coletivas e individuais, estabelecer as decisões e atividades que caberão a cada membro da equipe e as que deverão ser tratadas de forma coletiva. Indiscutível que senso de responsabilidade e disciplina são fundamentais para o projeto; a voluntariedade não pode estar divorciada do compromisso. Apesar de cada um ser livre para assumir os deveres e compromissos que quiser, em decorrência de sua disposição e do grau de esforço que escolher, em seguida será obrigado a cumpri-los; do contrário, o projeto fracassará.

Supondo-se que cada membro da equipe exerça adequadamente sua função, quanto mais tarefas individuais houver, maior será a operacionalidade, porém menor a coesão. Quanto mais tarefas coletivas, menos operacionalidade. Por exemplo, o caso mais extremo da primeira situação é a divisão das seções entre os membros da equipe. Se cada responsável se encarregar de atualizar os conteúdos de sua seção, o resultado será um conjunto no qual cada um resolve uma parte na ausência dos outros. É evidente que a operacionalidade é absoluta. Não são necessárias nem reuniões, nem discussões, nem planejamentos. A decisão coletiva é somente sobre a quantidade de informações ou sobre algum critério técnico. No entanto, olhando

Outro jornalismo possível na internet

de fora, ficaria fácil perceber a inexistência de uma linha definida. Um assunto de atualidade pode ser ignorado por todas as seções ou, pelo contrário, aparecer repetido; além disso, não será possível apreciar um estilo concreto de título ou de redação, já que cada responsável resolverá essas questões do seu próprio jeito. No polo oposto, temos o coletivo que se reúne para definir os assuntos de cada seção, os responsáveis de cada setor e as colaborações externas. Ele terá que se reunir ou coordenar o trabalho para avaliá-lo depois de terminado, obter a aprovação coletiva ou sugerir alterações. Como é preciso chegar a um consenso relativo, provavelmente haverá propostas de mudanças, o que implicará uma nova reunião ou algum outro tipo de coordenação para avaliar novamente o trabalho até chegar ao resultado final. Neste caso, é provável que o resultado tenha coesão e coordenação, já que o trabalho foi decidido e executado coletivamente, mas as dificuldades operacionais para realizá-lo são inquestionáveis.

Portanto, é importante estabelecer um ponto de equilíbrio que contemple com critérios realistas o que é viável para cada um. Não se devem planejar mais reuniões do que aquelas às quais todos sabem que poderão comparecer, nem procurar consensos que só provocam estagnação. É preferível ter os pés no chão e resolver por meio da divisão de tarefas o que seria impossível executar de forma coletiva por falta de operacionalidade.

A atribuição de competências individuais em prol de uma maior operacionalidade leva à criação de pequenos feudos que ficam fora da avaliação e do controle coletivo. É legítimo e desejável que qualquer pessoa da equipe possa, em qualquer momento, interferir (no bom sentido) nas tarefas dos outros, com o propósito de fazer sugestões, propostas ou mesmo críticas para aprimorar o conjunto. Por isso, devemos estabelecer um método para levar à consideração do coletivo todas as iniciativas de qualquer um dos membros que afetem o âmbito habitual das atividades de outro. Essa deve ser uma prática usual, padronizada e cordial cujo objetivo é conquistar a coesão que a operacionalidade por meio da divisão de tarefas não garante.

Pascual Serrano

É normal que as decisões de maior envergadura devam ser tomadas pelo coletivo. Referimo-nos ao lançamento de informativos especiais, às ações de caráter financeiro etc.

Talvez o exemplo do método de trabalho do *Rebelión* possa ser de utilidade para compreendermos o assunto em análise. Nesse projeto de jornal digital alternativo diário, cada membro se encarrega de uma ou mais seções dependendo de sua disponibilidade, sendo, portanto, responsável por mantê-las atualizadas, atender aos colaboradores e tomar as decisões sobre o que publicar ou não. A operacionalidade é absoluta se cada um cumprir com o compromisso assumido. Faltaria um instrumento excepcional de coesão ou de transversalidade, isto é, um mecanismo para que qualquer um possa fazer críticas, objeções ou propostas a uma seção alheia. Essas intervenções podem ser, por exemplo, pedir que um texto seja tirado do ar por considerá-lo inoportuno ou sugerir a inclusão de algum material, mesmo contra o critério do responsável. Para isso, a questão é submetida à consideração do coletivo, que tomará uma decisão de cumprimento obrigatório para o responsável pela seção. É imprescindível que essa dinâmica seja sempre percebida como amistosa. Seu único objetivo é impedir que a divisão de tarefas faça com que a seção adquira um perfil muito personalista. Assim, se quem dirige a seção do Brasil está muito obcecado em informar sobre a reforma agrária, os outros o corrigem para que sejam incorporados outros elementos, como os agrocombustíveis ou o Mercosul. Se o responsável pela seção da Colômbia dá mais importância aos movimentos insurgentes, talvez a intervenção dos outros o alerte para a necessidade de se incluir a voz dos sindicatos ou dos indígenas. Isso quanto ao funcionamento dinâmico. Para muitas outras questões, é possível estabelecer numerosos critérios de estilo a fim de homogeneizar o resultado final. Não devemos nos esquecer de que esses debates têm de ser ágeis e, sobretudo, operacionais. As discussões políticas podem ser feitas em outro momento, o que precisa ser resolvido agora é o conteúdo. Cada comentário deve visar à solução de uma incerteza ou à formalização de uma proposta executiva. Minha proposta de norma é que não haja

Outro jornalismo possível na internet

nenhuma discussão que não seja para tomar decisões relativas ao meio de comunicação. Deste modo, não nos perdemos em debates ideológicos sem nenhum objetivo concreto para o nosso projeto. Em conclusão, é fundamental encontrar o equilíbrio entre a assembleia constante, que não permite ir à frente, e o individualismo, que impediria levar a efeito um projeto coletivo.

Participação dos leitores

A internet abriu muitas possibilidades de interação com os leitores. Devemos definir quais delas nos interessam. Houve projetos de sites totalmente participativos, nos quais qualquer um podia publicar a notícia ou o texto que quisesse. Esse era o maior exemplo de participação e de democracia, mas tinha os seus inconvenientes. Foi preciso criar a figura do moderador para excluir o conteúdo injurioso e, além disso, não havia uma garantia absoluta sobre o rigor do que estava sendo informado, nem sobre sua atualidade ou autoria. Os próprios leitores faziam o controle de qualidade, votando para retirar ou premiar trabalhos, melhorando sua localização. O exemplo mais característico dessa forma de atuação foi a rede Indymedia (Independent Media Center ou Centro de Mídia Independente), com portais em diferentes lugares do mundo. Muitos projetos acabaram adotando um formato misto, com uma coluna central de textos da equipe editorial e uma parte destinada à livre publicação dos leitores, como é o caso do Kaos en la Red ou do La Haine.

A internet também permite outro elemento muito participativo, que é a possibilidade de adicionar comentários aos textos. Essa ferramenta nos faz voltar ao mesmo dilema: como controlar os comentários insultantes ou irrelevantes? Hoje, cada projeto tenta conjugar rigor e participação da melhor forma possível. As soluções são numerosas. Por exemplo, colocar uma opção para votar ou avaliar cada notícia e/ou comentário. Dessa forma, cria-se um *ranking* dos textos e comentários mais votados.

Pascual Serrano

Em face das propostas com vocação de elaboração coletiva, onde há participação dos leitores, existem projetos executados por um coletivo editorial. É o caso do *Rebelión*, no qual um grupo relativamente pequeno de pessoas assume a decisão sobre os conteúdos que serão publicados.

Também existem projetos mais personalistas, como aqueles em que um jornalista ou intelectual cria o seu próprio site, não tanto para publicar o que ele escreve, mas para divulgar informações que são apresentadas com o seu aval e valoração pessoal. É o caso do jornalista belga Michell Collon ou o do diretor do jornal *Público*, Ignacio Escolar.

A pluralidade editorial

Um erro habitual é transformar o veículo de comunicação em suporte para o nosso ideário. É evidente que existe uma definição editorial, mas ela não pode ser tão restrita como nossa opinião política. Devemos estabelecer o espectro ideológico no qual vamos trabalhar, que deveria ser mais amplo do que nossas próprias posições. A pergunta que devemos fazer no momento de decidir a inclusão de um assunto ou a opinião de um colaborador não é se concordamos com o que se diz ou se pensamos da mesma forma, mas se esse conteúdo faz parte da gama temática e editorial na qual nos posicionamos. Precisamos compreender que as ideias, os assuntos controversos e as análises não são sempre branco ou preto, pode haver diferentes interpretações dentro do mesmo campo ideológico. Assuntos como a guerra da Iugoslávia, o desenrolar que a Revolução Bolivariana deve ter na Venezuela, as razões da queda do socialismo real na Europa do Leste, as políticas de Lula no Brasil ou dos Kirchner na Argentina, o conflito basco, a guerra na Colômbia, o zapatismo no México, o futuro de Cuba permitem opiniões plurais da esquerda. Tão plurais que seriam incompatíveis dentro da mesma organização política, mas (lembremos de novo) nós não somos

Outro jornalismo possível na internet

uma associação política, somos um meio de comunicação. Nossa generosidade deve chegar ao ponto, inclusive, de publicar ou registrar testemunhos de representantes políticos em quem nem votamos, nem vamos votar. Por exemplo, pode ser de interesse do nosso meio de comunicação reproduzir uma entrevista ou um comunicado do grupo armado basco ETA, sem que com isso concordemos com seus princípios ou suas formas de luta; ou dos grupos islâmicos Hamas e Hezbollah, mesmo que não tenhamos nada em comum com suas convicções religiosas. O *Rebelión* publicou o discurso de posse de Obama e não se considera simpatizante do Partido Democrata dos Estados Unidos. Simplesmente entendemos que é lícito e necessário escutar sua versão.

Não nos confundamos; não estamos dizendo que não temos uma linha editorial definida e que todas as posições e assuntos são pertinentes. Mas também não podemos incluir só aqueles com os quais concordamos e, na medida do possível, procuraremos expor opiniões contrárias em nosso meio de comunicação. Talvez seja oportuno delimitar nossa política editorial desde o começo do projeto.

Relações com organizações sociais

Já comentamos sobre a necessidade de esclarecer que somos um projeto de comunicação e não de ativismo social. A partir daí, temos que definir qual será nossa relação com as organizações sociais e com suas mobilizações e campanhas. Muitos meios de comunicação se envolvem de maneira absoluta nas iniciativas que consideram válidas e ideologicamente afins. Eu seria partidário do não envolvimento. Parto da ideia de que as necessidades das organizações sociais são a nossa divulgação de suas campanhas e propostas, não que nos unamos a elas para levá-las adiante. No *Rebelión* estabelecemos o princípio de que, como coletivo, não apoiaríamos mobilizações, comunicados nem manifestos. Nosso compromisso é comunicativo. Somos um meio de informação, nossa função social é informar os cidadãos sobre essas iniciativas e, por outro lado, essa é a melhor colaboração que podemos dar. Além disso, eliminamos também outra questão que poderia ser objeto de divergências ou, pelo menos, de debates no momento de decidir o que apoiar ou não. Sobre determinadas questões, existem diferentes posicionamentos na esquerda, muitos deles honestos e contrários entre si. O critério do *Rebelión* é não apoiar explicitamente nenhuma opção: podemos informar sobre todas, mas não aderimos a nenhuma. Acho que nossa utilidade é informar; nossa verdadeira ajuda não é assinar um manifesto, mas divulgá-lo. É claro que esse assunto (assim como tantos outros de que tratamos nesta obra) é discutível. Por isso, respeitamos os meios de comunicação alternativos que não estejam de acordo com ele ou não o apliquem da mesma forma.

Informar em um mundo sem fronteiras

Uma das mudanças revolucionárias que a internet acarretou sobre o nosso modo de entender o jornalismo é que, atualmente, escrevemos para toda a comunidade planetária que fala o nosso idioma.

Se compararmos as notícias internacionais de um canal espanhol, um mexicano, um venezuelano e a CNN em espanhol, só para dar alguns exemplos, também comprovaremos que as semelhanças se repetem. O dossiê do *The New York Times* que o *El País* publica semanalmente na Espanha, é uma prova disso. Meios de comunicação como o *The Independent*, do Reino Unido, o *La Vanguardia*, da Catalunha, e o *La Jornada*, do México, têm o mesmo correspondente no Oriente Médio. O *Gara* e a *Telesur* tiveram o mesmo enviado especial no Líbano durante a invasão israelense. É evidente que vão oferecer o mesmo conteúdo.

O conhecimento da atualidade internacional se tornou mais transcendental do que nunca. Em outras palavras, aumentou o poder da opinião pública, mesmo a milhares de quilômetros de distância. Um Golpe de Estado se consolida num país na medida em que a comu-

Outro jornalismo possível na internet

nidade internacional e os governos estrangeiros o toleram, e muitos governos poderosos lutam para obter o beneplácito de seus cidadãos. A essa altura, todos nós sabemos que a opinião pública internacional pode ter mais poder para conter as barbaridades de Israel – mesmo que só um pouco – do que os próprios palestinos. Haveremos de concordar que a principal razão dissuasiva de uma invasão ou de uma maior intervenção dos Estados Unidos em Cuba é a opinião pública internacional. E que as mobilizações contra a guerra do Iraque, muito longe do palco do conflito, foram essenciais para desprestigiar a invasão e o governo que a liderou. Não há dúvidas de que o governo do Nepal teria esmagado as mobilizações contra a monarquia, promovidas em 2006 pelos maoístas, não fosse o temor que lhe inspirava a imagem internacional. Da mesma forma, as simpatias que o Hezbollah despertou no mundo inteiro, muçulmano ou não, são fundamentais para legitimar sua luta.

Queremos demonstrar o quão importante é para cada causa, movimento ou coletivo não só ganhar a opinião pública local, mas também a do outro lado do planeta. É por isso que o orçamento dos Estados Unidos para tentar melhorar sua imagem no mundo é milionário.

Já temos três elementos com os quais eu gostaria de trabalhar: a inter-relação entre as políticas aplicadas em qualquer parte do mundo, a uniformidade global do conteúdo das notícias internacionais e a influência crescente da opinião pública internacional nos processos nacionais.

Tudo isso está intimamente ligado à maneira de lidar com o jornalismo na internet. É através desses meios de comunicação que procuraremos estabelecer as relações e os elementos que, mesmo do outro lado do mundo, afetam os cidadãos de cada país. Por intermédio deles, tentaremos explicar qual modelo econômico semeia a pobreza na África e provoca movimentos migratórios em direção à Europa e que a exploração do trabalho infantil se traduz em alguns produtos que compramos todos os dias, ou que o comportamento nos foros internacionais ou a política comercial de governos eleitos pelos cidadãos têm um papel ativo no apoio de ditaduras ou injustiças internacionais. Nosso objetivo informati-

Pascual Serrano

vo deve ser que o cidadão perceba que é sujeito ativo de uma ordem mundial e da realidade que ocorre em muitas partes do mundo.

Internacionalizar as informações para que elas sejam compreensíveis fora de cada país, ou seja, por toda a comunidade mundial é, em minha opinião, um dos grandes déficits que temos na comunicação alternativa, imperdoável no caso da internet. Acho que na rede já existem bons meios alternativos, de quase todos os países, que trazem à tona informações honestas, produzidas em seus locais de origem.

O surgimento da internet fez com que aquilo que é publicado na rede seja potencialmente acessível por toda a comunidade internauta mundial. É um fenômeno sem precedentes. Até então, ninguém escrevia para todos os cidadãos do globo que falassem o seu idioma. É verdade que muitos meios de comunicação, apesar de estarem disponíveis na internet, não revelam o mínimo interesse em ter a opinião pública mundial como destinatária; mas, uma grande maioria, sim. Isso implica a interiorização de uma norma de estilo fundamental, impensável até agora: que nosso trabalho seja compreensível independentemente do país do nosso leitor. Até o momento, quem escrevesse sobre o México, por exemplo, dirigia-se aos leitores mexicanos, os quais, evidentemente, partiam de um determinado conhecimento da atualidade do país, de nomes dos políticos e dos líderes sociais, sua geografia, as siglas de suas instituições, a história e os antecedentes dos assuntos tratados etc. A chegada da internet despertou nos autores o interesse de levar seu trabalho a todo o globo, porém, muitas vezes, sem que se adotassem as mudanças de estilo necessárias. O resultado são textos incompreensíveis além das fronteiras de seu país original. Os nomes, cargos, siglas, cidades e denominações que são familiares para o público nacional são ininteligíveis para o público internacional.

Esse talvez não seja um problema habitual na Alemanha, já que seu idioma não é falado em tantos lugares do mundo como o espanhol. Mas é muito frequente no caso do espanhol, já que se pretende que uma notícia seja inteligível para um imigrante hispânico na

Suécia, um catalão de Barcelona, um chileno e um mexicano. E esse é um grande desafio para nós, responsáveis por meios alternativos com vocação global.

Se um espanhol entrar no magnífico site venezuelano Aporrea, um dos mais bem-sucedidos de seu país, descobrirá que só entende um quarto do conteúdo. O estilo, a linguagem e o grau de imersão na política venezuelana são tão específicos que dificilmente as notícias serão compreensíveis para um leitor que não conheça o país. Algo parecido acontece com os meios alternativos argentinos e de tantos outros países que contam com uma grande oferta de veículos comunitários. Aliás, em minha opinião, o melhor jornal hispânico, o mexicano *La Jornada*, serve para conhecer grande parte da informação internacional, mas não a do México, pois seu nível de profundidade e sua análise exaustiva da política nacional superam nossa capacidade de compreensão. No entanto, isso não é um problema para o *La Jornada* porque ele não pretende ser um meio de comunicação global; é um jornal vendido no México para mexicanos. Nos veículos com vocação internacional, tais como o *Rebelión* e o canal *Telesur*, trabalhar para que a informação seja compreensível no plano global é um desafio obsessivo que é preciso transmitir até o último elo da corrente: o jornalista que cobre a notícia, o coletivo que gera a informação e o analista que a interpreta. É necessário explicar para todos eles que a comunidade internacional não conhece os nomes dos prefeitos, ministros e departamentos, nem a denominação das instituições. Quem não é argentino não sabe o que é "duhaldismo", e não se pode dizer aos colombianos que o Gallardón (prefeito de Madri) impede a celebração de festas ao ar livre no parque Casa de Campo, porque, na Colômbia, só conhecem Zapatero e Rajoy. Também não podemos contar que a *ertzaina* [polícia basca] reprimiu uma manifestação já que fora da Espanha não sabem o que é isso. No *Rebelión*, muitas vezes consideramos mais idônea uma informação sobre a Espanha publicada no *Prensa Latina* ou no *La Jornada* do que as divulgadas em nosso país, pois o estilo das primeiras é mais adequado para torná-las compreensíveis fora da Espanha.

Pascual Serrano

O localismo ocorre no conteúdo e também na forma. Se o objetivo do nosso meio de comunicação é se dirigir a toda a comunidade global de língua hispânica, é importante adotar um vocabulário padrão. Os termos devem ser reconhecidos e identificados em todos os países da comunidade. Se um vocábulo não for reconhecido em um país da comunidade latino-americana, deverá ser substituído. O mais lógico é só utilizar termos incluídos no dicionário da Real Academia Espanhola* ou no *Dicionário Pan-Hispânico de Dúvidas*, aprovado por várias academias de letras da América Latina.

Tradicionalmente, é lógico que o jornalista correspondente no exterior seja da mesma nacionalidade e cultura do país do meio de comunicação para o qual trabalha, já que isso lhe permite ter uma perspectiva melhor da notícia e um conhecimento adequado sobre o perfil do público a quem ela se dirige. Quando isso não acontece, é como o caso da correspondência da *Telesur* em Havana: para eles, é notícia a inauguração de um café literário (algo habitual e pouco relevante para a audiência de Buenos Aires), mas não o fato de lá os livros custarem dez vezes menos do que em qualquer país da América Latina – porque em Cuba os livros são subvencionados pelo Estado, enquanto no resto do mundo são carregados de impostos.

Muitos meios de comunicação comerciais já estão entendendo essa questão, como o jornal madrileno *El País* em sua edição digital. Cientes do seu papel de referência informativa mundial em espanhol, eles adaptaram o estilo da redação e os títulos das notícias para o público internacional. A versão on-line do jornal tem duas opções: a nacional e a internacional. Enquanto isso, muitos autores publicam artigos brilhantes e perspicazes em seus locais de origem, porém, quando depois pretendem levá-los aos meios digitais globais, não

---

* A Real Academia Espanhola, também conhecida como RAE, é uma instituição com sede em Madri que se dedica ao planejamento linguístico mediante a promulgação de normativas que visam promover a unidade do idioma espanhol em todos os territórios onde ele é falado. Seu objetivo é garantir uma norma comum, zelando para que as mudanças experimentadas pelo idioma não quebrem sua unidade essencial em todo o âmbito hispânico. (N. T.)

Outro jornalismo possível na internet

percebem que seus textos não são compreensíveis para os leitores de outros países. Até os autores entenderem essa situação. Nosso critério de publicação, como responsáveis pelos meios de comunicação alternativos na internet, deve ser escolher trabalhos compreensíveis para toda a comunidade internacional. Não podem ter siglas, nomes, nem supor um conhecimento prévio que só as pessoas do próprio país têm.

Quando falamos na internacionalização do conteúdo e no compartilhamento de recursos, parece inevitável chegar à conclusão de que é preciso enfrentar o desafio de se criar meios de comunicação globais, isto é, não ligados a um país específico. Para isso, a internet é o formato perfeito. Não estamos descobrindo nada novo, isso já está sendo feito. No plano alternativo, é o que faz o *Rebelión*, e no institucional, a *Telesur*. Existem muitos outros meios de comunicação cujo país de origem é difícil de adivinhar e, no caso da internet, nem mesmo poderia ser definido, já que às vezes são elaborados por uma equipe de editores em diferentes lugares do mundo, sem um núcleo central. Como a revista *Sin Permiso*, que tem uma redação composta por espanhóis, argentinos e mexicanos. É a deslocalização absoluta, a onipresença, dependendo do ponto de vista.

Tecnofilia e tecnofobia

Desde o surgimento da internet, os ativistas se dividiram em tecnofóbicos e tecnófilos. No primeiro grupo, lembro-me de um dirigente político, com diploma universitário, que dizia ter certeza de que a internet tinha sido criada para destruir o sistema de correios e que, portanto, como defensores da coisa pública, devíamos nos recusar a utilizar o meio eletrônico.

A rede mundial está provocando reações controversas entre os indivíduos. Alguns encontram na internet o Santo Graal, recorrendo sempre a ela para resolver seus problemas. Sua informação é dada pelo Google; sua cultura, proporcionada pelo Wikipédia; suas con-

Pascual Serrano

versas, resolvidas pelo Messenger ou pelo Skype; suas amizades, criadas no Facebook e no Twitter; e sua mobilização política, feita com adesões aos manifestos que recebem por e-mail. Assim, esse tipo de indivíduo se considera culto, socialmente integrado, cidadão organizado da sociedade e politicamente ativo. Do lado oposto, encontramos o tecnofóbico, que pensa que a informação não escrita no papel ou não reproduzida na televisão não existe e se julga muito organizado socialmente porque vai ao bar todos os dias.

As autoridades também aderiram ao fetichismo tecnológico da internet. A presidenta do Senado espanhol propôs, no ano 2000, que as sessões plenárias fossem transmitidas on-line. Mas a internet não era necessária para isso. Se realmente quisessem, bastaria terem levado as câmeras da televisão pública, algo que poderiam ter colocado em prática muitos anos antes. O ex-presidente espanhol José Luis Rodríguez Zapatero sugeriu, no debate sobre o estado da nação* de maio de 2009, o financiamento de um computador portátil gratuito com acesso à internet para cada criança da quinta série do Ensino Fundamental. Por um lado, o governo entrega computadores e, por outro, cobra impostos quando compramos papel, lápis, caneta e livros de texto. Fora da Espanha não é diferente, o governo do Brasil também distribuiu computadores com conexão sem fio em cidadezinhas onde não há eletricidade, água potável, nem ruas asfaltadas.

Bolha social

A rede mundial provoca o surgimento de grupos endogâmicos que afugentam a terrível sensação de "estranho fora do ninho" que as pessoas de esquerda sentem numa sociedade frívola e materialista, mas em muitas ocasiões acabam produzindo o contrário: a ilusão de

---

* Debate celebrado anualmente na Câmara dos Deputados da Espanha, com a participação do presidente e de todos os blocos parlamentares para tratar sobre a política geral empreendida pelo Governo durante o ano. (N. T.)

Outro jornalismo possível na internet

achar que somos a maioria. Foi mais ou menos isso o que algumas pessoas descobriram nas eleições europeias de junho de 2009. Diferentes meios alternativos, fóruns e blogs de grupos políticos da esquerda radical davam a impressão de que contavam com um grande número de seguidores, e os resultados eleitorais comprovaram que não era verdade. "Quem vive politicamente na bolha digital da internet acaba distorcendo a realidade, e esse foi o nosso caso. Os meios alternativos têm a força que têm, e ficou demonstrado que não é muita", chegou a afirmar Jesús Prieto no Insurgente, em artigo titulado "La realidad virtual y la realidad a secas no son la misma cosa"[6]. A esquerda, acostumada ao seu micromundo digital militante, ficou abalada quando saiu dele e atestou que, em outros lugares da rede não tão ideologizados, a trivialidade e a ideologia conservadora são dominantes, tão dominantes como entre as pessoas que viajam no mesmo ônibus que nós. Aconteceu também com a Wikipédia, a enciclopédia "livre" da internet. Quando o *Rebelión* denunciou a linha de direita adotada na explicação de muitos vocábulos, não percebíamos que a Wikipédia e seu coletivo de colaboradores representavam uma amostra do que havia em nossa sociedade. Se nas eleições europeias os votos são, em sua maioria, de direita, não poderíamos encontrar outro panorama social ao analisar o perfil dos internautas voluntários da Wikipédia. Não nos esqueçamos de que, como apontou César Rendueles, doutor em filosofia e professor associado de sociologia na Universidade Carlos III, muitos projetos da internet seriam o paradigma por antonomásia de uma utopia liberal na qual a cooperação surge, como num passe de mágica, da mera participação num espaço límpido, estranhamente parecido com o mercado, de indivíduos autônomos sem outra relação que a de uma comunidade de interesses[7].

---

[6] Jesús Pietro, "La realidad virtual y la realidad a secas no son la misma cosa", *Rebelión*. Disponível em: <http://www.rebelion.org/noticia.php?id=86717>.

[7] Entrevista com César Rendueles, usuário e colaborador da *Wikipédia*. Disponível em: <http://www.pascualserrano.net/noticias/201cla-decision-del-bloqueo-a-rebelion-org-me-parecio-un-absoluto-disparate-lo-que-deberia-ser-neutral-son-los-articulos-de-wikipedia-no-las-fuentes201d/>.

Pascual Serrano

O virtual e o real

Situemos as tecnologias (em especial a internet) no seu devido lugar. Sem dúvida, a rede permitiu um nível de informação, conectividade e organização que não tínhamos antes. Também é preciso reconhecer que, apesar da desigualdade digital entre ricos e pobres, a chegada da rede trouxe elementos igualitaristas para a sociedade. Por exemplo, ela possibilita que as organizações sociais divulguem suas propostas e denúncias para o mundo inteiro a um custo mínimo. Os meios alternativos podem (por enquanto) "jogar na mesma divisão" que os grandes empórios. Além disso, a globalização da informação inutilizou as tentativas de alguns governos de controlar o que é divulgado em seus próprios países. Na Itália, Silvio Berlusconi conseguiu que nenhum meio de comunicação ousasse divulgar as fotos das festas que ele organizava em sua mansão na Sardenha. Mas elas acabaram sendo publicadas pelo jornal espanhol *El País* e conhecidas por todos os italianos[8] graças à internet.

O problema é quando a fascinação pela internet e pelas novas tecnologias nos faz esquecer de que o mundo virtual não é o mundo real. As leis, as guerras, a fome, a pobreza, a riqueza, tudo isso se encontra fora dos computadores. Os movimentos sociais já existiam antes da internet, e os meios alternativos, rádios e televisões comunitárias também. As novas tecnologias permitem o acesso à informação por vias mais democráticas e participativas do que as tradicionais. O erro seria que isso produzisse uma fascinação tecnológica que equiparasse os atos de se informar ou informar com os de se mobilizar e participar.

Dizem que, graças à internet, é possível convocar e organizar manifestações de forma quase espontânea, citando as que ocorreram na Espanha depois dos atentados na estação de Atocha, em Madri, que

---

[8] "Las fotos vetadas por Berlusconi. *El País* publica en exclusiva las imágenes censuradas en Italia tras una denuncia del primer ministro", *El País*. Disponível em: <http://internacional.elpais.com/internacional/2009/06/04/actualidad/1244066419_850215.html>.

Outro jornalismo possível na internet

ficaram conhecidas como 11-M. Acho isso um exagero; quem está no poder pode, com um só dedo, derrubar a rede e inclusive a cobertura dos celulares. Diante da euforia vivida depois das mobilizações do 11-M com relação às novas tecnologias, Antonio Hernández, o técnico de informática que me acompanhou na criação do *Rebelión*, afirmou:

> Para que nossos aparelhinhos (internet, celular etc.) funcionem, é necessária a nossa existência, estações repetidoras e, em alguns casos, satélites que levem a informação ao seu destino. Tal infraestrutura requer um grande investimento e uma adequação às condições de concessão estabelecidas pelo governo. Assim, tanto na Espanha como no resto do mundo, os donos desses "pontos sensíveis" só podem ser multinacionais ou estruturas governamentais. [...] Sob o aspecto de tecnologia, é relativamente simples para os donos da infraestrutura comunicacional e para os governos abrir ou fechar o fluxo das informações que circulam por ela onde e quando quiserem. Programas de informática não muito complexos ou a mera colocação, em poucos pontos estratégicos, de pessoas de confiança ou que não se atrevam a questionar as ordens, podem em poucos minutos bloquear qualquer possibilidade de comunicação baseada nessas tecnologias.[9]

É o que aconteceu no Irã, durante as manifestações posteriores às eleições presidenciais, e em Honduras, depois do Golpe de Estado, no mesmo mês. Não nos esqueçamos de que, quando ocorreu o Golpe de Estado na Venezuela, em 11 de abril de 2002, os métodos que os movimentos sociais adotaram para reagir e exigir a reincorporação de Hugo Chávez foram as tradicionais rádios comunitárias[10] e os denominados *motorizados*, os mensageiros de moto ou mototáxi que se deslocavam com rapidez e discrição numa Caracas em colap-

---

[9] Antonio Hernández, "El 13-M y la democracia tecnológica", *Rebelión*. Disponível em: <http://www.rebelion.org/hemeroteca/opinion/040324antonioh.htm>.

[10] José Ignacio López Vigil documenta e relata magistralmente o papel da rádio durante aqueles dias em seu livro *Golpe de Radio* (Aler, Caracas, 2006). Disponível em: <http://www.radialistas.net/especiales/archivos/Golpe_de_Radio.pdf>.

Pascual Serrano

so e em pleno toque de recolher. Os celulares foram praticamente inúteis, seja por sobrecarga ou sabotagem, e a internet também "caiu".

A capacidade de implantar novas tecnologias cotidianamente, a fascinação de comprovar tudo o que podemos conhecer e a satisfação de descobrir nossa capacidade de divulgação podem levar à paralisia de nossos outros âmbitos de organização e compromisso. O modelo dominante já tomou ciência disso e está sempre desenvolvendo estilos de vida virtuais para desviar nossas ambições, nossas reivindicações e nossas lutas; desde o Facebook e o Myspace até as campanhas de coleta de assinaturas pela internet, passando pelos meios de comunicação alternativos, que podem gerar círculos fechados de informantes e informados virtuais sem nenhuma incidência social.

É fundamental parar para pensar no impacto sobre a vida real daquilo que fazemos na vida virtual, bem como no nível de influência sobre o poder político dos atos que realizamos utilizando as novas tecnologias. Devemos nos questionar se eles servem mesmo para acumular conhecimentos que nos permitam uma vida cotidiana mais crítica, se o que divulgamos ajuda a conscientizar as pessoas e se nossas ações com um teclado conquistam mudanças sociais ou não. Provavelmente, o resultado será um pouco frustrante. Isso não quer dizer que devamos abandonar essas tecnologias, mas sim fazer um esforço para levar os seus benefícios à vida real. Tão irrelevante para o sistema pode ser um eremita que se retira do mundo para viver em coerência com seus princípios de austeridade, como quem não sai de casa e se dedica a espancar teclados para propugnar esses ideais, sem nenhuma outra ação organizativa.

Os meios de comunicação também aderiram à criação de mecanismos aparentes de participação. Alguns podem ser valiosos, mas a grande maioria é pura distração. Há aqueles que colocam enquetes no site para que votemos se o acusado pelo último crime é culpado ou inocente. Outros oferecem várias opções de respostas que indicam pluralidade, mas todas partem de preconceitos comuns. Um veículo opositor pode perguntar: "Você acredita na diminuição do desem-

Outro jornalismo possível na internet

prego anunciada pelo governo?"[11] para, deste modo, semear dúvidas sobre as cifras oficiais. Poucos leitores percebem que, quando um meio de comunicação propõe a pergunta ou enquete do dia, na verdade está a introduzir sua própria pauta, procurando nos convencer de que esse assunto é o mais importante. Assim, no dia de um Golpe de Estado em Honduras, podem nos perguntar qual é o melhor disco de Michael Jackson.

Só informação

A internet consiste, basicamente (e isso não é pouco), em um sistema de comunicação e de informação. Porém, como em todos os sistemas de informação atuais, há nela muita bobagem, muito conteúdo inútil que pode ser uma magnífica maneira de sepultar o valioso. Essa é uma característica que, sem dúvida, será explorada cada vez mais por aqueles que trabalham por uma comunidade desinformada.

A sobrecarga de informação já demonstrou ser uma das formas mais efetivas de desinformação da cidadania. A censura das ditaduras impedia a divulgação de notícias indesejáveis para o poder. As democracias atuais a substituíram por informações falsas para esconder as verdadeiras, alcançando uma eficácia igual à da censura, mas evitando a acusação de atentado contra as liberdades. Por outro lado, era lógico que um sistema cuja bandeira fosse o igualitarismo participativo acabasse desencadeando um verdadeiro caos, sem deixar espaço para discernir entre conteúdo rigoroso e tóxico. O exemplo mais paradigmático foi o fenômeno do Indymedia, sobre o qual já falamos. Essa sigla engloba uma rede mundial de coletivos autodenominados Independent Media Centers [Centros de Mídia Independentes]. O Indymedia foi criado sob a égide das incipientes mobilizações alterglobalizantes de Seattle, em 1999, sendo integrado

---

[11] Pergunta feita no *Libertad Digital*. Disponível em: <http://www.libertaddigital.com/c.php?op=pregunta&id=2216>.

Pascual Serrano

por coletivos locais em busca de uma alternativa comunicativa em contrapartida ao império dos grandes meios de comunicação. Seu caráter aberto e democrático possibilitava que qualquer pessoa, sem sequer se identificar, publicasse seus textos, manifestos, agenda de mobilizações etc., acabando, assim, com o oligopólio informativo dos grandes meios de comunicação corporativos. O princípio não poderia ser mais louvável, mas logo ficou provado que essa panaceia de participação e democratização não garantia o rigor e a veracidade daquilo que se publicava. O tempo acabou demonstrando que era mais útil ter um meio de comunicação informativo, gerenciado por um coletivo organizado, que estabelecesse critérios de validade e credibilidade para todo o conteúdo publicado.

Na verdade, hoje a internet é como um grande Indymedia, um lugar onde todo mundo pode não só dar opiniões, mas também oferecer qualquer tipo de "informação" sem passar por nenhum filtro de veracidade. Muitas vezes, esse defeito é magnificado pelos papas da informação corporativa, cujas críticas visam privilegiar o valor de seus grandes meios de comunicação em detrimento da informação mais participativa e democrática que circula pela internet. Isso não deve nos impedir de reconhecer que, diante do caos informativo da rede, temos que aplicar nossos próprios critérios de seleção para não morrermos afogados nesse mar de entulhos.

Os perigos do futuro

Além das "deturpações" da rede, cuja sobrecarga de informações invalida as que são mais valiosas, e do deslocamento do compromisso social para formatos virtuais ineficazes, há ainda outras ameaças:

O desenvolvimento tecnológico abra brechas entre os internautas, tal como o ocorrido no caso da tipografia e da linotipia. Muitas invenções foram mais democráticas no início do que em estágios posteriores, quando incorporaram aprimoramentos que não estavam ao alcance de todos. Por exemplo, ter uma modesta gráfica estava ao alcance de

Outro jornalismo possível na internet

um sindicato britânico minoritário no século XIX, mas hoje, uma organização de trabalhadores dificilmente poderia, com seus próprios recursos, elaborar uma revista com design e qualidade competitivos, para ser distribuída da mesma maneira que uma revista de variedades. Algo parecido está acontecendo na internet. Há doze anos, o *Rebelión* nada tinha a invejar do site de um grande jornal, mas hoje, os grandes meios de comunicação dispõem de designers, vídeos e recursos técnicos e estéticos com os quais é mais difícil competir. Além disso, no caso da Espanha, os provedores de internet estão pressionando, com a desculpa dos direitos autorais, para oferecer serviços de conexão com muitos *downloads*, mas poucos *uploads* de dados[12], isto é, com muita capacidade para receber informação, mas pouca para divulgar. Deste modo, a internet se pareceria cada vez mais com a televisão, com internautas passivos que só recebem conteúdo, sem participação alguma. Tal como indicamos anteriormente, o aprimoramento da tecnologia também facilita a possibilidade técnica de desconexão da internet, caso essa seja a vontade de diversos poderes.

As legislações atuais, desde as normas de direitos autorais até as relacionadas com responsabilidades legais dos administradores de sites[13], trazem muitas limitações para quem quiser criar um meio de comunicação alternativo. Na China, pretende-se instalar um programa que bloqueia os sites pornográficos em todos os computadores[14]. O *software* funciona assim: quando o computador se conecta à rede, o programa sincroniza seu banco de dados de sites proibidos com o de um servidor que contém os endereços bloqueados pelo governo[15]. Assim, será possível não só bloquear páginas de conteúdo sexual

---

[12] Carlos Martínez, "Dos ejemplos de cibercensura", *Rebelión*. Disponível em: <http://www.rebelion.org/noticia.php?id=86737>.

[13] No caso espanhol, a LSSI (ou LSSICE), Lei n. 34/2002, de 11 de julho, denominada Lei de Serviços da Sociedade da Informação e de Comércio Eletrônico.

[14] "Un filtro antipornografía para cada ordenador personal vendido en China", *El Mundo*. Disponível em: <http://www.elmundo.es/elmundo/2009/06/08/navegante/1244459112.html>.

[15] Loretta Chao, "China Squeezes PC Makers", *The Wall Street Jounal*. Disponível em: <http://online.wsj.com/article/SB124440211524192081.html>.

explícito, mas também qualquer outra que não interesse às autoridades. Na França, com o subterfúgio de fortalecer a luta contra a pirataria, estão estudando controlar o correio eletrônico[16].

A dependência progressiva das estruturas de cada país com a internet transforma a ameaça de guerra cibernética numa realidade. O assunto vai além do uso da internet como meio de informação. No caso de uma guerra cibernética, uma potência pode derrubar toda a rede comunicacional de um país ou região, incluindo seu sistema bancário ou de comunicação aérea, marítima e terrestre, entre outros. Segundo denuncia a jornalista Rosa Miriam Elizalde, os Estados Unidos estão desenvolvendo

> um arsenal militar para a intervenção em servidores, a espionagem na rede, a compra de mercenários cibernéticos, o assalto às legislações para criminalizar os cidadãos em nome da guerra contra o terrorismo, o domínio sobre as companhias de telecomunicações e até o lançamento – em 2003, no Iraque – da bomba eletrônica, que inabilita todos os sistemas eletrônicos de uma só vez.[17]

Atitudes e propostas

Tudo isso deve nos levar a várias linhas de ação para garantir a eficácia necessária da internet e, ao mesmo tempo, atenuar os elementos negativos que ela implica, os quais muitos setores tentam colocar em funcionamento cada vez mais.

Recusar todas as iniciativas legais que, com o pretexto da luta antiterrorista ou da proteção dos direitos autorais, visam a um maior controle sobre o ciberespaço.

---

[16] "Francia abre la puerta al control del e-mail para luchar contra la piratería", *ABC*. Disponível em: <http://www.abc.es/20090713/medios-redes-web/sarkozy-2009 07131140.html>.

[17] Rosa Miriam Elizalde, "Cibercomando y ciberdisidentes, más de lo mismo", *Rebelión*. Disponível em: <http://www.rebelion.org/noticia.php?id=84915>.

Outro jornalismo possível na internet

Não abandonar os sistemas tradicionais de organização social, mobilização e comunicação. As reuniões e atividades sociais, com presença física e em locais comuns, nunca poderão ser substituídas pela internet. É aceitável fazer uma videoconferência para superar uma distância de 3 mil quilômetros, mas não podemos dispensar o contato e as relações pessoais em nosso ativismo social. Devemos continuar pensando nos atos públicos como pontos de encontro e conhecimento, nas mobilizações de rua como métodos de reivindicação, na organização política e social real como via de intervenção na vida pública. Parafraseando Paulo Freire, o ativismo midiático, como emissor ou como receptor, pode ser útil para nos informarmos, mas deve ser parte de um processo mais amplo que nos leve a ler e analisar o mundo com o objetivo de transformá-lo. Pensar que tudo isso pode ser conquistado pela tela de um computador seria um grande erro.

Quando atuamos como emissores, é importante aplicar critérios de rigor, veracidade e qualidade no gerenciamento da informação. É preciso acabar com o hábito compulsivo de divulgar em massa qualquer e-mail aparentemente amigo que pede assinaturas, avisa sobre mobilizações e campanhas, convoca ações ou faz denúncias, sem que contrastemos esses dados. É necessário adotar um uso responsável do correio eletrônico para não sermos cúmplices da saturação de informação que impera atualmente, bem como da falta de rigor de muitos conteúdos.

Toda informação que recebemos deve ser tratada com prudência e desconfiança. Assim como os grandes meios de comunicação têm interesses perversos em suas linhas editoriais, na rede também há tentativas constantes de intoxicação com informações, denúncias e reivindicações falsas. As fantasias e conspirações paranoicas estão na ordem do dia entre a cidadania mais crítica, o que acaba provocando uma grande falta de credibilidade das denúncias verdadeiras. É importante selecionar nossas fontes de confiança, os autores que merecem credibilidade, os meios alternativos que trabalham com seriedade etc.

Pascual Serrano

Apesar de termos esclarecido que existem muitos mecanismos de participação aparente e ineficaz através da rede, é preciso diferenciá--los das iniciativas efetivamente participativas. São boas ideias deixar nossa pergunta a um ministro no fórum virtual convocado por um jornal, enviar nossos textos e cartas para os meios de comunicação por correio eletrônico ou, inclusive, publicá-los nos comentários permitidos ao final de algumas notícias. Devemos continuar lutando pela abertura de verdadeiros espaços para o ativismo social e infor-mativo na internet e trabalhando para combater a reprodução do domínio elitista e das leis do mercado que imperam no resto dos meios de comunicação. O ativismo dos internautas deve pressionar para que o modelo tradicional de informação unidirecional compro-ve que não é isso o que deseja uma comunidade cidadã que exige espaços e voz própria, que não se conforma com a passividade à qual tem sido condenada até agora. É hora de que a relação entre meios de comunicação e cidadãos deixe de ser a de surdos que se dirigem a mudos. Não nos esqueçamos de que nossa participação não pode se basear na mera declaração de valorações e qualificações; para contribuir de alguma forma, devemos oferecer informações, dados e cifras, não somente opiniões.

No âmbito da comunicação, não devemos sacralizar a internet em detrimento dos formatos tradicionais. As rádios livres, televisões comunitárias e pequenas publicações em papel, com um esforço econômico e humano muito maior, conseguem ultrapassar os limites de divulgação da internet, que muitas vezes não chega a um grande setor da população. Do mesmo modo, não aceitaremos que a fasci-nação pelas novas tecnologias seja utilizada como mecanismo de sedução política. É mais lógico, por exemplo, o que o governo da Venezuela faz: em vez de destinar verbas para presentear computa-dores a colégios de cidades onde não existe eletricidade, ele oferece internet gratuita em muitos lugares públicos e reserva o financia-mento para a compra de livros e material escolar em benefício de toda a cidadania.

SOBRE OS AUTORES

Dênis de Moraes, jornalista, é professor do Departamento de Estudos Culturais e Mídia da Universidade Federal Fluminense e pesquisador do CNPq e da Faperj. Autor de *Vozes abertas da América Latina: Estado, políticas públicas e democratização da comunicação* (Mauad/Faperj, 2011), *La cruzada de los medios en América Latina* (Paidós, 2011) e *Mutaciones de lo visible: comunicación y procesos culturales en la era digital* (Paidós, 2010). Pela Boitempo, publicou *O velho Graça: uma biografia de Graciliano Ramos* (2012).

Ignacio Ramonet, jornalista, foi diretor de redação do *Le Monde Diplomatique* (1990-2008) e atualmente dirige a edição espanhola do mesmo jornal. Um dos idealizadores do Fórum Social Mundial, é presidente de honra da organização ATTAC. Publicou *A explosão do jornalismo: das mídias de massa à massa de mídia* (Publisher Brasil, 2012), *Fidel Castro, biografia a duas vozes* (Boitempo, 2006) e *A tirania da comunicação* (Vozes, 1999).

Pascual Serrano, jornalista, é diretor de redação do portal Rebelión, de Madri. Foi assessor editorial do canal multiestatal latino-americano Telesur. Autor de *Periodismo canalla: los medios contra la información* (Icaria, 2012), *Contra la neutralidad. Tras los pasos de John Reed, Ryzard Kapuściński, Edgar Snow, Rodolfo Walsh y Robert Capa* (Península, 2011) e *Desinformación. Cómo los medios ocultan el mundo* (Península, 2009).

Eliias Andreato/34º Prêmio Jornalístico Vladimir Herzog

Este livro, publicado em 2013, ano em que, com o apoio da Comissão Nacional da Verdade, o atestado de óbito do jornalista Vladimir Herzog foi corrigido, confirmando como causa de sua morte lesões e maus-tratos sofridos nas dependências do DOI-Codi, foi composto em Palatino, corpo 11, e reimpresso em papel Avena 80 g/m², pela gráfica Sumago, para a Boitempo, em agosto de 2019, com tiragem de 500 exemplares.